目　录

模拟试卷（一）

MHK（二级）

卷 I

注 意 事 项

一、MHK（二级）试卷分为卷Ⅰ和卷Ⅱ两部分：

1. 卷Ⅰ为客观选择题，每题都有四个供选择的答案，要求在答题卡上画出代表正确答案的字母，每题只能画一横道，如**[A] [B] ■ [D]**，多画作废。

   请考生注意，卷Ⅰ使用阅读机阅卷，答案必须用铅笔画在答题卡上，不能写在试卷上。

   卷Ⅰ包括三项内容，共 85 题：

   （1）听力理解（35 题，约 35 分钟）

   （2）阅读理解（40 题，40 分钟）

   （3）书面表达（10 题，10 分钟）

2. 卷Ⅱ为书面表达主观题（作文），30 分钟。内容用黑色钢笔或签字笔写在答题卡的方格内。

   全部考试时间约 115 分钟。

二、注意看清题目的说明，严格按照说明的要求，在规定的时间内回答问题。

三、严格遵守考场规则，听从主监考的指挥。考试结束后，必须把试卷和答题卡放在桌子上，等监考人员收回、清点后，才能离场。

一、听力理解

（35 题，约 35 分钟）

第 一 部 分

扫一扫，1 ～ 35

说明：1 ～ 15 题，这部分试题，都是两个人的简短对话，第三个人根据对话提出一个问题，听到问题后，请你在四个备选答案中选出唯一恰当的答案。

例如：第 8 题，你听到：

男：小兰，你刚才去邮局订杂志，怎么没把今天的晚报买回来？

女：晚报都卖完了。

第三个人问：小兰刚才干什么去了？

你在试卷上看到四个答案：

A 寄信　　B 订杂志　　C 卖报纸　　D 买邮票

根据对话，第 8 题最恰当的答案是 B，你应在答题卡上找到号码 8，在字母 B 上画一横道。横道一定要画得粗一些，重一些。

8 [A] ■ [C] [D]

1. A 旅游要有计划
   B 不能去旅游了
   C 改变了旅游路线
   D 计划书被水泡了

2. A 商量
   B 责备
   C 高兴
   D 生气

3. A 老师
   B 医生
   C 运动员
   D 教练员

4. A 邮局
   B 医院
   C 车站
   D 超市

5. A 女的的想法好
   B 女的身体较差
   C 他也想去游泳
   D 游泳十分痛快

6. A 约会
   B 工作
   C 爬山
   D 找人

1 • 1 • 1 • 1 • 1 • 1 • 1

7. A 男的打电话太多了
   B 发生了奇怪的事情
   C 男的想打破话费纪录
   D 话费收费标准提高了

8. A 不爱笑了
   B 喜欢炒菜
   C 天天来单位上班
   D 不在这儿工作了

9. A 佩服
   B 赞扬
   C 讽刺
   D 埋怨

10. A 关心女的是否受伤
    B 杯子打碎了很可惜
    C 认为女的太不小心了
    D 想知道在哪儿打碎的

11. A 觉得很有意思
    B 想参加篮球比赛
    C 能全面锻炼身体
    D 想跟男的一起锻炼

12. A 钱太少
    B 没问题
    C 不要钱
    D 没时间

13. A 人多地方大
    B 男的说得对
    C 自己的技术最好
    D 还有技术更好的人

14. A 邻居
    B 朋友
    C 夫妻
    D 父女

15. A 女的这周取
    B 女的要搬家
    C 男的没打电话
    D 男的想下周送

1 • 1 • 1 • 1 • 1 • 1 • 1

第 二 部 分

说明：16 ～ 35 题，这部分试题中，你将听到几段对话或讲话。每段话之后，你将听到几个问题，听到问题后，请你在四个备选答案中选出唯一恰当的答案。

例如：第 25 ～ 27 题，你听到：

男：请问，有包子吗？

女：有。刚做好的，都是热的。

男：怎么卖？

女：五毛钱一个。您要几个？

男：给我来两个。

女：好的。收您十块钱，找您九块，请点一下。

男：谢谢。请问附近哪儿有卖报纸的？

女：前面路口向右拐有一家邮局，邮局里就有。

男：太好了，谢谢。

女：不客气。

第三个人根据这段对话提出三个问题：

25. 问：男的正在做什么？

你在试卷上看到四个答案：

A 问路　B 取钱　C 买东西　D 吃包子

根据对话，第 25 题唯一恰当的答案是 C，你应该在答题卡上找到号码 25，在字母 C 上画一横道。横道一定要画得粗一些，重一些。

25 [A] [B] ▬ [D]

……

你又听到：

27. 男的打算去做什么？

你在试卷上看到四个答案：

A 买邮票　B 打电话　C 取包裹　D 买报纸

根据对话，第 27 题唯一恰当的答案是 D，你应该在答题卡上找到号码 27，在字母 D 上画一横道。横道一定要画得粗一些，重一些。

27 [A] [B] [C] ▬

1·1·1·1·1·1·1

16. A 参加活动
B 明天上课
C 陪她逛公园
D 一起买衣服

17. A 学校北门
B 公园北门
C 公园东门
D 学校东门

18. A 老年人
B 年轻人
C 愿意早起的人
D 工作稳定的人

19. A 演员
B 记者
C 主持人
D 播音员

20. A 读书
B 吃饭
C 占座位
D 做报告

21. A 六点
B 七点
C 六点半
D 七点半

22. A 不要去吃饭
B 去食堂吃饭
C 到校外吃饭
D 给她带吃的

23. A 亚洲
B 非洲
C 欧洲
D 美洲

24. A 教师
B 大学生
C 学生家长
D 中小学生

25. A 赞扬
B 反对
C 批评
D 惊奇

26. A 丈夫
B 父母
C 自己
D 哥嫂

27. A 树林里
B 哥嫂家院子里
C 嫂子的父母家
D 妹妹的丈夫家

28. A 哥哥喜欢吃桃子
B 一家人相亲相爱
C 妹妹想远离哥哥嫂子
D 嫂子不愿买贵的礼物

29. A 孩子不孝顺
B 孩子不听话
C 先生常出差
D 领导不欣赏

1·1·1·1·1·1·1

30. A 把家里钥匙给了别人
B 喜欢控制别人的情绪
C 碰到了对自己不好的事
D 让别人控制自己的心情

31. A 不期待快乐
B 不被别人影响
C 能带给别人快乐
D 能管好他的钥匙

32. A 反复揉搓
B 切菜前洗
C 切完再用水泡
D 洗后放一会儿

33. A 急火快炒
B 长时间炒
C 适当放碱
D 高温加热

34. A 维生素 C 怕水
B 维生素 C 怕碱
C 维生素 C 怕热
D 维生素 C 怕氧气

35. A 维生素 C 是很重要的物质
B 如何避免蔬菜的营养流失
C 切菜、洗菜、炒菜的方法
D 吃什么蔬菜让人更加健康

2 • 2 • 2 • 2 • 2 • 2 • 2

二、阅读理解

第 一 部 分

（15题，15分钟）

说明：36 ～ 50题，每一个句子中有一个或两个空，请你从所给的四个备选答案中挑选一个最适合填入空中的答案，并在答题卡上代表正确答案的字母上画一横道。

36. 回想起20年前自己第一次当班主任的经历，朱老师____万分。
A 刺激
B 感激
C 感慨
D 慷慨

37. 天空和大海构成了一幅____的画面。
A 和睦
B 和谐
C 和气
D 恰当

38. 人们正在草丛中行走，突然出现了一条大蛇，大家十分____。
A 惊奇
B 恐怖
C 恐惧
D 苦恼

39. 互联网时代，____网络信息安全已经成为一项重要工作。
A 保证
B 保障
C 保管
D 保密

40. 学校为了____校园文明建设，这学期一开学就开展了使用文明用语活动。
A 跃进
B 促进
C 带领
D 带头

41.《背影》这篇文章____了父亲对儿子深沉的爱。
A 回答
B 放映
C 反应
D 反映

2 • 2 • 2 • 2 • 2 • 2 • 2

42. 感谢各位老师多年以来对学校工作的____支持。
A 大体
B 大多
C 大都
D 大力

43. 下雪天骑自行车要____小心，一不注意就容易滑倒。
A 格外
B 反而
C 到处
D 必定

44. 后天就开学了，感冒还是不好，我心里____有些着急。
A 曾经
B 毕竟
C 不免
D 不止

45. 上午9点左右，参加活动的同学____来到了学校。
A 接连
B 陆续
C 逐步
D 逐渐

46. 你看，____奶奶做了这么多好吃的，我们____吃完了再去晓明家吧。
A 只有　才
B 只要　就
C 即使　也
D 既然　就

47. ____当地发生了特大洪涝灾害，但在政府的妥善安排下，人们都已安全____。
A 虽然　离开
B 尽管　取消
C 与其　离别
D 无论　退步

48. 班长要勤于____，以便____班主任更好地开展班级工作。
A 考虑　辅导
B 思维　帮助
C 思考　协助
D 思索　协定

49. 做错了事情就应该____接受大家的批评，而不是____对待。
A 空虚　消化
B 虚心　消极
C 虚伪　消耗
D 谦虚　消费

2 • 2 • 2 • 2 • 2 • 2 • 2

50. 不____班级情况就下命令、定规则，这样做工作迟早是要____的。
   A 公布　发脾气
   B 控制　爱面子
   C 熟悉　碰钉子
   D 主持　伤脑筋

2 • 2 • 2 • 2 • 2 • 2 • 2

第二部分

（25 题，25 分钟）

> **说明**：51 ～ 75 题，每段文字后都有若干个问题，每个问题都有 A B C D 四个备选答案，请你阅读后根据每题的要求选出最恰当的答案，并在答题卡上代表正确答案的字母上画一横道。

51 ～ 53

她的母亲患上老年性痴呆，已经认不出她了。她去看望母亲时，买了很多不同颜色的指甲油，专门用来与母亲共度相伴的时光，因为母亲年轻时是个爱美的姑娘。

她先把护手霜倒在手心里，轻轻揉搓母亲那双曾经劳碌不堪而今枯干消瘦的手。擦完护手霜，她开始细心地为母亲涂手指甲，涂完一个，再涂一个。她认真而细致地"摆布"着母亲，而母亲静静地任她"摆布"。虽然没法交谈，但是她已经认识到，静默相处才是更好的陪伴方式。涂完母亲所有的手指甲，轮到她自己。黄昏时分，四只手上，每个指甲一个颜色，从浅粉到桃红到紫黑。

这场游戏总会有结束的时候，但游戏结束的那一刻，恰恰是她内心最满足的时刻。

【51】她买指甲油的目的是：
   A 作为礼物送给母亲
   B 让母亲借此认出她
   C 把母亲打扮漂亮些
   D 以此方式陪伴母亲

【52】看望母亲时，她最后做的是哪件事？
   A 给母亲擦护手霜
   B 给自己擦护手霜
   C 给母亲涂指甲油
   D 给自己涂指甲油

【53】最适合做本文标题的一项是：
   A 指尖彩色
   B 静静陪伴
   C 母亲的美
   D 一场游戏

2 • 2 • 2 • 2 • 2 • 2 • 2

54 ～ 56

一项研究显示，嚼东西这一动作也许能预防老年人记忆力衰退。研究人员将成年鼠和小鼠混合后分为两组，拔去其中一组成年鼠和小鼠的磨牙，以破坏它们嚼和磨碎食物的功能，而对作为对照组的另一组成年鼠和小鼠则不做任何处理，任其自然发展。研究人员给这两组实验鼠喂同样的食物后，再让它们做迷宫游戏，结果发现：拔掉磨牙一组实验鼠的记忆力明显不如另一组。

受到这个实验结果的启发，研究人员用磁共振显像技术，观察到人在嚼东西时脑内海马区的活动信号增强。因此，他们认为常嚼口香糖是一种不增加进食量、又能刺激海马区功能的好方法，对预防老年性痴呆有帮助。

【54】在实验中，两组实验鼠：

A 吃的食物一样

B 都能走出迷宫

C 成长阶段不同

D 磨牙大小不同

【55】研究人员的实验是为了证明：

A 嚼东西与记忆力有关

B 成年鼠和小鼠有差别

C 鼠类动物喜欢迷宫游戏

D 记忆力与牙齿多少有关

【56】根据本文，下列说法正确的是：

A 小鼠脑内的海马区与人类相同

B 嚼口香糖可能预防老年性痴呆

C 嚼东西时海马区才有活动信号

D 磁共振技术能制造海马区信号

2 • 2 • 2 • 2 • 2 • 2 • 2

57 ～ 59

身处彩色世界中的我们，会因红色而激动，也会因黑色而沉静，颜色深深地影响着我们的生活。

不同的颜色即使处在同一位置，带给人的感受也是不同的。像蓝色、黑色这种冷色调，总会给人相对较远的感觉，所以跟着蓝色或黑色的车行驶，更容易与前车相撞，要特别小心。而红色、白色这样明亮的颜色，会时刻引起人们的注意，跟着这样的车，会感觉前车近在眼前，相对更安全。

颜色不仅影响生活，还能提高生产力。装着同样物品的两个箱子，我们会感觉黑色的那个格外重，而浅色的就显得轻一些。有人通过实验对物体的颜色和视觉重量进行了比较，发现内部物品相同的黑色箱子，看上去要比白色箱子重 1.8 倍。这就不难解释，为什么用浅色的纸箱搬家会让工人们觉得不那么重，而黑色的保险柜则会让想得到柜中财物的人感觉“太沉了，我搬不动”。美国著名的福特汽车公司也曾借颜色来提高生产效率，他们把车间生产线由原来的黑色、深绿色重新漆成浅蓝色和乳黄色，结果工人的工作效率大大提高，因为浅色能使人兴奋，有助于减轻疲劳感。

【57】跟着蓝色的汽车容易撞车是因为：

A 看到蓝色觉得安全

B 蓝色让人觉得较远

C 蓝色较暗，看不清楚

D 蓝色易引起人的注意

【58】下列哪种颜色能够减轻人的疲劳感？

A 浅蓝色

B 墨绿色

C 纯黑色

D 紫红色

【59】第三段主要讲了什么？

A 颜色影响人们生活

B 颜色能提高生产力

C 为何用浅色纸箱搬家

D 福特公司改装生产线

2·2·2·2·2·2·2

60～63

有一匹马，每天都在山上辛苦劳动，渐渐厌倦了平淡的生活。它每天都在想：要是能出去见见外面的世界，该有多好啊！

不久，机会来了。主人带它下山去驮东西，它兴奋不已。来到山下，主人把东西放在马背上，然后往山上走。没想到，过路人遇到马时，都站在两旁，向着它行礼。一开始，马感到很奇怪，不知道人们为何要对自己行礼，慌忙躲闪。可一路上都是如此，马不禁飘飘然起来，心想：原来人们如此崇拜我。当它再看见有人路过时，就会骄傲地站在马路中间，心安理得地接受人们的行礼。

回到山上，马认为自己身份高贵，死活也不肯干活儿了。主人无奈，只好放它下山。马刚下山，就看见一伙人敲锣打鼓迎面而来，它心想：一定是人们前来欢迎我。于是，它大摇大摆地走到马路中间。那些人被一匹马拦住了去路，特别生气，一边喊一边驱赶马……

马赶紧逃回山上，伤心地对主人说："人的态度怎么变得这么快啊！第一次下山时，人们都对我行礼，可是今天他们却赶我走。"主人叹息一声："那天，人们行礼的对象不是你，是你背上驮的一尊雕像啊！"

【60】马下山之前的愿望是：
A 帮助主人工作
B 每天辛勤劳动
C 过平凡的生活
D 看外面的世界

【61】马第一次下山，是为了：
A 看山下的风景
B 驮主人的东西
C 接受人们行礼
D 拦住路上的人

【62】人们为什么要把这匹马赶走？
A 它忘记背雕像了
B 人们的心变坏了
C 它挡了人们的路
D 要把它交给主人

【63】本文主要想告诉我们：
A 要清楚地认识自己
B 应树立远大的理想
C 务必珍惜每个机会
D 要尽全力改变现状

2·2·2·2·2·2·2

64～67

我和一位老师聊起他在国外的留学生活。老师一本正经地说："在国外，因为学制，还有一些适应问题，有些人一待就会待上10年才能拿到博士学位。"我惊愕地张大了嘴巴："啊？那么久啊！"老师笑了笑："你为什么会觉得时间长呢？"我说："等拿到学位回国工作，都已经三四十岁了。"老师说："就算你不出国，有一天你还是会变成三四十岁，不是吗？""这……"我无言以对。老师语重心长地说："生命没有过渡，不能等待。在国外的那10年，也是你生命的一部分啊！"

这段对话，给我提供了一种很重要的生活哲学和价值观。忙碌不应是我生命的"过渡阶段"，而应是我最珍贵的生命的一部分。

很多人常常抱怨："太忙了，等这阵子忙过后，我一定要……"于是，一个本属于生命一部分的珍贵阶段，就被视为一种过渡与等待。"等着吧！熬着吧！我得咬紧牙度过这个过渡时期！"当这样的想法浮现，我们的生命不就丢失了一部分吗？

【64】文中提到的老师：
A 曾在国外学习过
B 不适应国外生活
C 在国外待了10年
D 拿到了博士学位

【65】老师希望"我"能：
A 申请到国外留学
B 早点儿参加工作
C 过好人生每一天
D 咬牙度过过渡期

【66】与老师的对话，改变了"我"的：
A 研究方向
B 生活态度
C 时间观念
D 工作习惯

【67】听完老师的话，"我"认为忙碌是生命的：
A 漫长等待
B 部分浪费
C 过渡时期
D 重要阶段

2·2·2·2·2·2·2

68～71

研究人员日前在心脏病协会年会上宣布，哈哈大笑和听音乐有助于降低血压。

在持续3个月的研究中，研究人员将79名年龄在40岁至74岁之间的参与者分成3组，然后每隔两周对他们进行一次实验。第一组参与者要听一小时音乐，第二组参与者要想办法哈哈大笑，第三组参与者什么也不用干。在实验前后，研究人员分别对他们的血压进行测量。

结果发现，第一组参与者在听完音乐后，血压比听音乐前降低6毫米汞柱；第二组参与者在大笑后，血压比大笑前降低7毫米汞柱；而第三组参与者的血压没有发生任何变化。

研究人员解释说，不管是听音乐还是哈哈大笑，都可起到降低人体内皮质醇水平的作用，从而降低血压。皮质醇是基本的应激激素，在压力状态下，人体要靠皮质醇来维持正常的生理机能，但持续承受过大压力可使皮质醇水平长期过高，导致血压升高。同时，研究人员也指出，虽然听音乐和哈哈大笑有助于降低血压，但两者之间并不存在因果关系，有关这方面的研究仍需进一步深入。

【68】根据本文，研究人员主要研究的是：

A 血压

B 心脏

C 音乐

D 压力

【69】研究人员采用的方法是：

A 每天测量

B 分组实验

C 研究病人

D 跟踪记录

【70】下列哪一项是研究人员得出的结论？

A 休息可能使血压升高

B 哈哈大笑可降低血压

C 皮质醇升高导致血压降低

D 听音乐与大笑无因果关系

【71】本文主要讲的是：

A 关于降低血压的最新研究

B 大笑比听音乐更能降血压

C 压力过大会导致血压升高

D 人体血压的分组实验情况

2·2·2·2·2·2·2

72～75

父亲病了，非常严重！在我的记忆里，从来都是父亲关心着一家人，谁也没想到，一病不起的，竟是父亲！

我难过地想着，一连几天，食不知味，彻夜难眠。偏偏这时，公司里事情多，请不了假，急得我直流泪。这份工作来之不易，而父亲还没入院，我只好等忙过了这十多天再说。好在，家里有哥哥办理父亲住院的事。

每天忙完工作，回到家，我脑海里全是父亲的影子。不知多少次，我按下父亲的电话号码，犹豫半天，最终又删去。

一星期过去了，一天傍晚，我忽然接到父亲的电话。父亲在电话那头怒火冲天地说："你是不是没钱打电话？要是没钱，爸这儿有，我给你送过去！"我在电话的这端，泪流不止，一句话也说不出来。挂断电话，我发了一条短信给父亲："爸，我不是节省电话费，我是不敢打电话给你。我不知道说什么好，我心里，痛！"

这之后，我从悲痛中清醒过来：不能自己先消沉下去了，要让父亲快乐！后来，我在两座城市间跑来跑去。走不开时，我就给父亲打电话，说些生活和工作中的趣事、笑话，父女俩一次次在电话里笑个不停。只是，每一次放下电话，我都心酸不已。

父亲在生病一年零六个月后离开了家人。那天，我整理父亲的遗物，翻到了父亲的手机。一按，我发的那条信息再次映入眼帘。母亲哽咽着说，父亲一直保留着这条信息，舍不得删去，说这是女儿对他的爱。我听了，再一次，泪如雨下。

【72】知道父亲病了，"我"：

A 吃不下睡不着

B 赶紧请假回家

C 马上辞掉工作

D 联系住院的事

【73】"我"为什么不给父亲打电话？

A 害怕父亲

B 工作太忙

C 没钱打电话

D 心里太痛苦

2 • 2 • 2 • 2 • 2 • 2 • 2

【74】父亲从“我”发的信息中体会到：

A “我”的胆小

B “我”对他的爱

C “我”的确很小气

D “我”不会表达感情

【75】在父亲最后的日子里，“我”和父亲选择：

A 快乐面对

B 抱头痛哭

C 跑来跑去

D 放弃希望

3 • 3 • 3 • 3 • 3 • 3 • 3

三、书面表达

第一部分

（10 题，10 分钟）

一、76 ～ 80 题，在每道题的 A B C D 四个句子中，只有一个是错误的，请找出这个句子，并在答题卡上代表正确答案的字母上画一横道。

76. A 今年冬天这个地方不常下雪。
B 还要半个小时他们才能到电影院。
C 走大路太远了，怎么都用不了一个小时，还是走小路吧！
D 不要说现代文，就是古诗词我也看得懂。

77. A 听说他下个月准备办个人画展。
B 这个意外的消息将在场的人都大吃一惊。
C 古代人是怎么将这么重的石头运到山上去的呢？
D 他告诉过我他的电话号码，可我一时想不起来了。

78. A 你帮我把这本书里的照片核对一下。
B 我并没有生气，只是心里一点儿不舒服罢了。
C 经及时治疗，目前大部分伤员情况稳定。
D 没想到这个计划在这里居然已经公开了。

79. A 筷子是中国古老文明的象征之一。
B 今年《科学》杂志发表了他的陆续几篇论文。
C 李明真是一个热心肠的人啊！别人有了困难，他是能帮就帮。
D 我打心眼里感谢把我引上音乐之路的这位老师。

80. A 为改变敬老院的面貌，政府决定对其进行改造。
B 这种食品在常温下可保质一个星期左右。
C 我千万没想到，你是这么自私的一个人。
D 本书介绍了退休制度在一些国家的起源及其发展。

3·3·3·3·3·3·3

二、81～85 题，在下面这段文字中，有五处是用拼音代替汉字的，请根据上下文的意思认读拼音，然后在答题卡上找到相应的题号，并在横线上写出正确的汉字。

最近，苏城高科技园区“苏城人才”píngbǐ（81）活动顺利完成。此次活动由苏城集团牵头，园区各企业直接参与，对所有的参选人不设学历、论文、海外经历等硬性标准，完全从市场化的 jiǎodù（82）出发，重点考察参选人的个人价值、岗位贡献、社会贡献和创新价值等，chōngfèn（83）体现了市场对人才的 zūnzhòng（84）和认可。苏城集团董事长勉励各位获奖人：“希望你们再接再厉，开拓创新，zhēngqǔ（85）为社会创造出更大的价值！”

请接下去进入作文考试

⇩

MHK（二级）

卷 Ⅱ

书 面 表 达

第 二 部 分

（作文，30 分钟）

作 文 要 求

1. 写作前认真阅读作文提示，按提示要求在规定的时间内写完。
2. 每个空格写一个字，书写要清楚工整；每个标点符号占一个空格，标点符号使用要规范。
3. 作文中不得出现跟考生有关的校名、地名和真人姓名。
4. 保持卷面整洁，不得涂划损坏答卷。

作文提示：

小明是实验中学初二年级的学生。邻居王爷爷的子女都在外地工作，王爷爷在日常生活中有很多困难。看到这种情况，小明就和班上的几位同学一起成立了学雷锋小组，经常帮助王爷爷打扫房间、买东西。王爷爷很感动，想给实验中学写一封感谢信。

请你帮王爷爷写这封信。全文不少于 300 字。

模拟试卷（二）

MHK（二级）

卷 Ⅰ

注 意 事 项

一、MHK（二级）试卷分为卷Ⅰ和卷Ⅱ两部分：

1. 卷Ⅰ为客观选择题，每题都有四个供选择的答案，要求在答题卡上画出代表正确答案的字母，每题只能画一横道，如**[A] [B] ■ [D]**，多画作废。

请考生注意，卷Ⅰ使用阅读机阅卷，答案必须用铅笔画在答题卡上，不能写在试卷上。

卷Ⅰ包括三项内容，共85题：

（1）听力理解（35题，约35分钟）

（2）阅读理解（40题，40分钟）

（3）书面表达（10题，10分钟）

2. 卷Ⅱ为书面表达主观题（作文），30分钟。内容用黑色钢笔或签字笔写在答题卡的方格内。

全部考试时间约115分钟。

二、注意看清题目的说明，严格按照说明的要求，在规定的时间内回答问题。

三、严格遵守考场规则，听从主监考的指挥。考试结束后，必须把试卷和答题卡放在桌子上，等监考人员收回、清点后，才能离场。

一、听力理解

（35题，约35分钟）

第 一 部 分

扫一扫，🎧1～35

说明：1～15题，这部分试题，都是两个人的简短对话，第三个人根据对话提出一个问题，听到问题后，请你在四个备选答案中选出唯一恰当的答案。

例如：第8题，你听到：

男：小兰，你刚才去邮局订杂志，怎么没把今天的晚报买回来？

女：晚报都卖完了。

第三个人问：小兰刚才干什么去了？

你在试卷上看到四个答案：

A 寄信　B 订杂志　C 卖报纸　D 买邮票

根据对话，第8题最恰当的答案是B，你应在答题卡上找到号码8，在字母B上画一横道。横道一定要画得粗一些，重一些。

8 [A] ■ [C] [D]

1. A 商店
B 学校
C 饭店
D 图书馆

2. A 同学
B 父女
C 师生
D 邻居

3. A 生气
B 高兴
C 赞扬
D 批评

4. A 头有点儿晕
B 时间过得快
C 不知该怎么办
D 不想麻烦别人

5. A 区里
B 市里
C 省里
D 学校

6. A 女的说得对
B 刚才在运动
C 下课就打球
D 没练过武术

7. A 犹豫
 B 热情
 C 拒绝
 D 害怕

8. A 她没参加比赛
 B 比赛成绩不好
 C 她是最后一名
 D 今天没有比赛

9. A 老师批评她
 B 不会做实验
 C 实验做不完
 D 接不到通知

10. A 爸爸
 B 爷爷
 C 奶奶
 D 妈妈

11. A 游泳
 B 骑车
 C 晒太阳
 D 去动物园

12. A 车没毛病
 B 没钱买车
 C 没人会开车
 D 不知道谁开

13. A 没有力气
 B 脚受伤了
 C 太重视语文
 D 不会打篮球

14. A 喜欢吃鲜鱼
 B 烤鱼很新鲜
 C 想去逛商店
 D 同意去吃饭

15. A 让女的站起来唱歌
 B 把女的排在队伍前
 C 请女的自己唱首歌
 D 由女的带着大家唱

第 二 部 分

说明：16 ～ 35 题，这部分试题中，你将听到几段对话或讲话。每段话之后，你将听到几个问题，听到问题后，请你在四个备选答案中选出唯一恰当的答案。

例如：第 25 ～ 27 题，你听到：

男：请问，有包子吗？

女：有。刚做好的，都是热的。

男：怎么卖？

女：五毛钱一个。您要几个？

男：给我来两个。

女：好的。收您十块钱，找您九块，请点一下。

男：谢谢。请问附近哪儿有卖报纸的？

女：前面路口向右拐有一家邮局，邮局里就有。

男：太好了，谢谢。

女：不客气。

第三个人根据这段对话提出三个问题：

25. 问：男的正在做什么？

你在试卷上看到四个答案：

A 问路　B 取钱　C 买东西　D 吃包子

根据对话，第 25 题唯一恰当的答案是 C，你应该在答题卡上找到号码 25，在字母 C 上画一横道。横道一定要画得粗一些，重一些。

25 [A] [B] ■ [D]

……

你又听到：

27. 男的打算去做什么？

你在试卷上看到四个答案：

A 买邮票　B 打电话　C 取包裹　D 买报纸

根据对话，第 27 题唯一恰当的答案是 D，你应该在答题卡上找到号码 27，在字母 D 上画一横道。横道一定要画得粗一些，重一些。

27 [A] [B] [C] ■

16. A 西安
B 兰州
C 广州
D 厦门

17. A 热情
B 关心
C 冷淡
D 批评

18. A 不爱说话
B 态度不好
C 耳朵听不见
D 有特殊习惯

19. A 非常感谢女的
B 易受别人影响
C 对人很有礼貌
D 认识女的多年

20. A 吃饭
B 加班
C 买方便面
D 休息放松

21. A 工作特别忙
B 经常见男的
C 每天都做饭
D 身体不太好

22. A 在单位做饭
B 给女的送饭
C 陪女的吃饭
D 给莉莉做饭

23. A 饭前
B 饭后
C 随饭吃
D 看情况

24. A 维生素 A
B 维生素 C
C 维生素 D
D 维生素 E

25. A 如何服用维生素
B 维生素 D 的作用
C 维生素 A 用于治疗
D 维生素促进钙吸收

26. A 演出太辛苦了
B 被裙子绊倒了
C 没走稳摔倒了
D 被别人绊倒了

27. A 感到很难过
B 马上站起来
C 不知怎么办
D 躺地上不动

28. A 付出才有回报
B 人人都会跌倒
C 以平常心面对失败
D 有跌倒才会有成功

29. A 孩子太小不好照顾
B 这家人口有点儿多
C 担心那个孩子吵闹
D 觉得他们很难相处

30. A 爸爸妈妈让他回来
B 很想租下这套房子
C 希望再看一眼房子
D 很喜欢看房东大笑

31. A 没有礼貌
B 很会说话
C 跟爷爷住
D 不到 5 岁

32. A 眼睛很好
B 戴着眼镜
C 不怕麻烦
D 注意外表

33. A 东子
B 小亮
C 丽丽
D 服务员

34. A 为人热情
B 要喝饮料
C 想跟小亮和好
D 想坐小亮身边

35. A 肉块太大了
B 不爱吃牛肉
C 讨厌姜的味道
D 嚼得太费力气

2 • 2 • 2 • 2 • 2 • 2 • 2

二、阅读理解

第 一 部 分

（15 题，15 分钟）

说明：36 ～ 50 题，每一个句子中有一个或两个空，请你从所给的四个备选答案中挑选一个最适合填入空中的答案，并在答题卡上代表正确答案的字母上画一横道。

36. 这次考试的成绩，让我看到了我和别人之间的____。
A 差异
B 异常
C 差距
D 差别

37. 在学校的乒乓球比赛中，小刚太____，结果输了。
A 焦急
B 急躁
C 紧急
D 着急

38. 他的工资不高，但他资助了两名贫困学生，对此我十分____。
A 惊讶
B 惊慌
C 惊人
D 动人

39. 大家在一起学习了这么长时间，就要分开了，拍张照片____吧。
A 惦记
B 记忆
C 留意
D 留念

40. 遇到难题时，我们需要动脑筋认真____。
A 思维
B 思念
C 思考
D 思想

41. 看到自己支持的球队获得第一名，球迷们都大声____起来。
A 欢呼
B 欢喜
C 欢聚
D 欢迎

2 • 2 • 2 • 2 • 2 • 2 • 2

42. 我在商场里能遇到刚从北京回来的叔叔，纯属____。
A 仍然
B 偶然
C 偶尔
D 暂时

43. 我还有点儿事没做完，你们先走吧，我____就到。
A 随后
B 随手
C 赶忙
D 赶快

44. ____准时的小梅今天居然迟到了，同学们都感到很意外。
A 一连
B 一再
C 一向
D 一心

45. 他们平时各忙各的，____只有周末时才能见面。
A 照常
B 照样
C 依旧
D 通常

46. 我比他有力气，这项任务____交给他，____让我去完成。
A 与其　不如
B 尽管　还是
C 因为　所以
D 不但　而且

47. 这个____故事告诉我们这样一个道理：做人必须讲____。
A 娱乐　信赖
B 寓言　信用
C 谣言　信任
D 哲学　信心

48. 改革，必须转变旧____，____新思想。
A 见解　修筑
B 观点　建造
C 误会　孤立
D 观念　树立

49. 要想让水稻____大幅度增加，解决这个问题是____。
A 含量　主题
B 分量　核心
C 产量　关键
D 数量　主力

50. 时间____河流一般悄悄溜走，____我主动打招呼，孙老师恐怕已经认不出我了。
A 似乎　基本上
B 仿佛　要不是
C 相似　一下子
D 如同　说不定

2 • 2 • 2 • 2 • 2 • 2 • 2

第二部分

（25 题，25 分钟）

说明：51 ～ 75 题，每段文字后都有若干个问题，每个问题都有 A B C D 四个备选答案，请你阅读后根据每题的要求选出最恰当的答案，并在答题卡上代表正确答案的字母上画一横道。

51 ～ 53

植物具有趋光性。由于位置的影响，阳台上的日光一定偏向某一方。为了不使阳台上的盆栽植物生长偏向一侧，最好每隔 3 到 5 天将它们旋转 180 度。

要观察阳台的风向是否固定。如果风向固定，可以在迎风面加装防风板；如果风向不固定，那么整个阳台都要安装防风网，或者直接改成温室。可以在钢架上盖一层透明的塑料布，制成简易温室，效果很好。

当阳光照射时，阳台上的温度升高，西向的阳台最为明显，这对植物生长不利。因此，在夏天黄昏时，可在阳台地面上洒些水来调节温度。

此外，给阳台上的植物浇水时，一定要注意公共卫生，不要让水滴到楼下。

【51】经常旋转阳台上的盆栽植物，是为了避免植物：

A 温度过高

B 被大风吹偏

C 长得过于高大

D 长得偏向一侧

【52】夏季黄昏时，往阳台上洒水的目的是：

A 给植物储存水分

B 增加阳台的湿度

C 降低阳台的温度

D 让植物快速生长

【53】本文主要讲的是：

A 盆栽植物的养护方法

B 搭建阳台温室的技巧

C 如何照顾阳台上的植物

D 养植物要注意公共卫生

2 • 2 • 2 • 2 • 2 • 2 • 2

54 ～ 56

人的一生大约有三分之一的时间是在睡眠中度过的。当人们处于睡眠状态时，大脑和身体可以得到休息。睡眠对身体的好处不仅体现在晚间的深度睡眠上，半个小时以内的午睡也能达到同样的效果。

近年发布的一项研究成果显示，白天小睡一会儿可以提高记忆能力，而喝咖啡对记忆没有帮助，甚至令记忆力更糟。某公共图书馆网站收录的一项研究也表明，夜间和白天的睡眠同样能让人巩固记忆。这就是说，午睡也有让大脑得到休息和恢复的功能，并能提高人们的应变能力和记忆力，帮助人们记住复杂的概念。

【54】根据本文，午睡：

A 是一种深度睡眠

B 最好超过半小时

C 是很好的休息方式

D 跟喝咖啡效果类似

【55】根据本文，下列说法正确的是：

A 大约三分之一的人睡不着

B 睡觉可以促进大脑的恢复

C 只有深度睡眠才对身体有益

D 有一家图书馆做了午睡研究

【56】本文主要讲的是：

A 人生中睡眠占了很长时间

B 短时午睡可以提高记忆力

C 睡眠可帮助记忆复杂概念

D 关于睡眠的研究成果丰富

2·2·2·2·2·2·2

57 ～ 59

从前，有一个小村子，住着十几户人家。村民之间关系很不好，经常为了一点儿小事吵架，甚至动手。

有一天，村里来了个陌生人，他对大家说：“我有一块奇石，把它放进煮开的水中，水就会立刻变成美味的汤，我可以当场煮给你们喝。”

大家都想见识一下这块奇石，于是有人搬来炉子、锅，有人提来水和柴，然后就在村口支起炉灶，点火，烧水。

水开了，陌生人很小心地将石头放进水中，然后用勺子盛了一点儿汤，尝了一下，很兴奋地说：“味道太美了！但如果加点儿盐，会更好喝的！”于是，就有人飞快地从家里取了盐来。陌生人又尝了一下，说：“太棒了，如果再放点儿肉片就更香了！”立刻有人取来了肉片。陌生人又建议：“要是再放点儿青菜，那肯定是天底下最好喝的汤了。”就这样，又有人拿来了青菜，拿来了葱、姜……当大家一起围着锅开始品尝时，他们发现这真的是很好喝的汤。

等大家都喝完汤以后，陌生人拿着石头说：“这只是一块我在村口捡的普通石头。当大家团结协作时，生活就会变得更加有滋有味，并且会创造出无数的奇迹！”

【57】刚到村子里时，陌生人说他有：

A 神奇的石头

B 精致的勺子

C 很好喝的汤

D 美味的青菜

【58】陌生人煮的汤很好喝，是因为：

A 用的水特别干净

B 做的时候很小心

C 锅具有特殊功能

D 放了很多种东西

【59】本文主要想告诉我们：

A 慢工出细活儿

B 知识就是力量

C 团结创造奇迹

D 勤劳改变生活

2·2·2·2·2·2·2

60 ～ 63

有一只小麻雀，立志要高飞，于是天天练习高飞的本领。经过不懈努力，它终于实现了愿望。它甚至能像雄鹰一样在蓝天下自由飞翔。

其他麻雀都很好奇，纷纷向它请教高飞的好处。小麻雀骄傲地说：“飞得高，能看到更广阔的世界，呼吸到更新鲜的空气。我就是想用事实证明，只要有梦想，麻雀也可以超越雄鹰。”其他麻雀非常敬佩它，小麻雀也觉得自己非常了不起，因此更加努力地练习高飞的本领。

在一次高飞时，小麻雀忽然发现头顶上有一只雄鹰，当然，雄鹰也发现了它。小麻雀吓坏了，它记得老麻雀告诉过它，遇见雄鹰要么钻进屋檐下，要么躲进草丛里。可是，它离屋檐和草丛都太远太远了！它慌忙逃跑，可它哪里是雄鹰的对手？很快，它就成了雄鹰的美餐。

雄鹰飞得高是为了更好地寻找食物，麻雀飞得低是因为低处更利于生存。只有适合自己的高度，才是最好的高度。

【60】根据本文，小麻雀的理想是：

A 和雄鹰成为好朋友

B 飞的高度超过雄鹰

C 向老麻雀证明自己

D 比其他麻雀飞得高

【61】其他麻雀认为小麻雀：

A 不懂事

B 了不起

C 没本事

D 爱做梦

【62】小麻雀高飞的最终结果是：

A 发现了雄鹰

B 超过了雄鹰

C 把雄鹰吓坏了

D 被雄鹰吃掉了

【63】本文主要想告诉我们：

A 要牢记长辈的劝告

B 要坚持走自己的路

C 有梦想的人一定成功

D 要寻找最合适的方式

2・2・2・2・2・2・2

64 ～ 67

中年时期的心理健康状况，往往极大地影响寿命。

一项由几大高校和科研机构联手进行的老龄化问题纵向研究，对一万多人的一生经历进行了追踪调查后发现：心理健康状况能够用来预测人们在 60 多岁时患有严重疾病的倾向。即使在排除了其他因素（如年龄、性别、财富和受教育程度）的影响之后，上述相关性依然存在。懂得充分享受生活快乐的人平均能多活 9 到 10 年。研究人员提醒人们：快乐程度会显著影响未来一些健康问题的发生，如伤残、步行速度缓慢、自测健康程度受损和冠心病等，心情不佳的人发生这些问题的可能性要大得多。

因此，专家建议：从中年起，应该多培养一些兴趣爱好，尽量参加一些社会活动，并多与朋友交流。同时，中年人要适当控制自己的脾气，不要动不动就暴跳如雷。为健康长寿着想，应时刻保持乐观积极的生活态度。

【64】本文的主要研究对象是：

A 年轻人

B 中年人

C 老年人

D 小孩子

【65】根据本文，心理健康状况与下列哪一项具有相关性？

A 人们走路速度的快慢

B 参加社会活动的多少

C 人的财富和受教育程度

D 60 多岁患重病的可能性

【66】下列哪一项是专家给人们的建议？

A 适当发发脾气

B 要多在家休息

C 兴趣爱好要广泛

D 要多跟家人交流

【67】最适合做本文标题的一项是：

A 从中年起要快乐生活

B 社会上的老龄化问题

C 中年人易患多种疾病

D 健康长寿的各种绝招

2・2・2・2・2・2・2

68 ～ 71

有位明星要去电视台做一期演讲直播，可就在前往电视台的路上，他的车坏了。时间紧急，明星决定打车过去。

很快，一辆出租车来到他面前。“您要去哪里？”司机伸出头来问道。“电视台。”明星回答。司机耸了耸肩：“恕我不能送您过去。”“为什么呢？”“那里离我家太远了，等我把您送到再回家，就会错过明星的演讲直播。他可是我的偶像，我是绝不会错过的！”司机兴奋地解释道。

明星感动地掏出 100 元钱，向司机表示感谢。那时，100 元钱几乎是一位出租车司机一天的收入。没想到，司机接过钱后，立即大声说：“快上车吧，保证准时将您送到！”这下明星迷惑了：“那您不就没办法准时听到明星的演讲了吗？”“现在您比演讲重要多了！听演讲又不能养家糊口！”司机边说边下车帮明星打开车门。

这件事给了明星很大的启发。后来，他常常在各种场合向别人说起这段经历。“不要自以为是，我们唯有真正看低自己，才能做到宠辱不惊，专心于自己的领域并有所成就。”明星讲完故事后，总是这样总结。

【68】让明星感动的是，出租车司机：

A 肯送他

B 崇拜他

C 很热情

D 没要钱

【69】让出租车司机改变决定的是：

A 明星

B 电视台

C 100 元钱

D 演讲直播

【70】出租车司机认为明星的演讲：

A 一定要听

B 时间不好

C 能帮他赚钱

D 不如钱重要

【71】本文主要想告诉我们：

A 不要以为自己了不起

B 不是所有人都认识你

C 自己的事情要自己做

D 不要轻易求别人办事

2 · 2 · 2 · 2 · 2 · 2 · 2

72 ～ 75

古时候，有一个叫爱地巴的人，每次和别人发生争吵后，都以很快的速度跑回家去，绕着自己的房子和田地跑 3 圈，然后坐在田地边喘气。爱地巴工作非常勤恳、努力，他的房子越来越大，田地也越来越广，但不管房子和田地有多大，只要与人争论生气，他就会绕着房子和田地跑 3 圈。

爱地巴这样做是为什么呢？所有认识他的人心里都很疑惑，但是不管怎么问他，爱地巴都不愿意说。直到很多年以后，爱地巴已经很老了，他生气后依然拄着拐杖艰难地绕着房子和田地走，等他好不容易走完3圈，太阳都下山了。爱地巴坐在田边喘气，他的孙子在身边恳求他："您已经年纪大了，这附近没有谁的房子和田地比您的更大，您不能再像从前一样，一生气就绕圈啊！您可不可以告诉我这个秘密，为什么您一生气就要绕圈呢？"

爱地巴禁不起孙子恳求，终于说出了隐藏在心中多年的秘密。他说："年轻时，我一和人争论、生气，就绕着房子和田地跑 3 圈。我边跑边想，我的房子这么小，田地这么少，我哪有时间、哪有资格去跟人家生气！一想到这里，我的气就消了，我就用接下来的时间努力工作。"

孙子问："您现在年纪大了，也富有了，为什么还要绕着走呢？" 爱地巴笑着说："我现在跑不动了，但我还是会生气，生气时就绕着房子和田地走 3 圈，边走边想，我的房子这么大，田地这么多，我又何必跟人计较？一想到这儿，气就消了。"

【72】爱地巴绕着房子和田地跑，认识他的人都觉得：
A 很奇怪
B 很愚蠢
C 很惊讶
D 很可笑

【73】根据本文，爱地巴是一个怎样的人？
A 热爱运动
B 工作勤奋
C 从来不生气
D 有很多秘密

【74】年轻时，爱地巴绕着房子和田地跑，目的是：
A 向吵架的人示威
B 证明地是自己的
C 提醒自己努力工作
D 以此方式惩罚自己

【75】年老时，爱地巴绕着房子和田地走，目的是：
A 告诉自己要原谅他人
B 提醒自己别忘记过去
C 证明自己身体很健康
D 测量土地到底有多大

3 · 3 · 3 · 3 · 3 · 3 · 3

三、书面表达

第 一 部 分

（10 题，10 分钟）

一、76 ～ 80 题，在每道题的 A B C D 四个句子中，只有一个是错误的，请找出这个句子，并在答题卡上代表正确答案的字母上画一横道。

76. A 2 月 4 号一立春，各地都已经开始春耕生产了。
B 海底有山，有峡谷，也有森林和草原。
C 这是我们区别于他们的一个重要标志。
D 工人们凭着智慧和经验创造了一套全新的操作方法。

77. A 雷雨过后，阴云散去，天一下子就晴了。
B 这条河污染的主要原因周围的工厂向河里排放污水。
C 这次试验虽然失败了，但你好好儿总结经验，以后一定会成功的。
D 他提出来的方案是以李四光先生的地质学理论为基础的。

78. A 那些小鹿一见到我们，便向密林深处逃去。
B 开学以来，我们班在卫生方面的表现始终很好。
C 围棋起源于我国，所以目前我国的围棋水平并不领先。
D 如今，人们的生活水平提高了，对休闲方式也有了新的追求。

79. A 他是特意来北京参加国际图书博览会的。
B 参观的时候，我们遭到了同学们的热情接待。
C 地震以后，全国各地的好心人帮助灾区人民重建了家园。
D 好友小琴的到来为我的生日晚会增添了快乐的气氛。

80. A 缺乏自信常常是事业不能成功的主要原因。
B 这里大都是荒山野岭，往往四五十里路不见人烟。
C 公元 14 世纪时，有些富人愿意以一匹好马换一副眼镜。
D 我曾经去过 3 次故宫了，今天有点儿事就不去，谢谢你的邀请。

二、81～85题，在下面这段文字中，有五处是用拼音代替汉字的，请根据上下文的意思认读拼音，然后在答题卡上找到相应的题号，并在横线上写出正确的汉字。

自行车是一种节约 néngyuán(81)、不污染环境、jiéshěng(82) 空间、使用方便的交通工具，因此，它一问世就受到人们的 huānyíng(83) 和喜爱。不过，自行车的行走 yīkào(84) 人力，和汽车比起来速度要慢得多。另外，骑自行车也带有一定的 wēixiǎn(85) 性。

请接下去进入作文考试

MHK（二级）

卷　Ⅱ

书 面 表 达

第 二 部 分

（作文，30分钟）

作 文 要 求

1. 写作前认真阅读作文提示，按提示要求在规定的时间内写完。
2. 每个空格写一个字，书写要清楚工整；每个标点符号占一个空格，标点符号使用要规范。
3. 作文中不得出现跟考生有关的校名、地名和真人姓名。
4. 保持卷面整洁，不得涂划损坏答卷。

作文提示：

你们班的李东同学家庭条件比较好，学习成绩也不错，可是他常常欺负从农村来的张山同学，使张山同学心情非常不好，学习成绩也受到了影响。

请你给李东同学写一封信，劝他团结、关心、爱护同学。全文不少于300字。

模拟试卷（三）

MHK（二级）

卷 I

注 意 事 项

一、MHK（二级）试卷分为卷Ⅰ和卷Ⅱ两部分：

1. 卷Ⅰ为客观选择题，每题都有四个供选择的答案，要求在答题卡上画出代表正确答案的字母，每题只能画一横道，如**[A] [B] ■ [D]**，多画作废。

   请考生注意，卷Ⅰ使用阅读机阅卷，答案必须用铅笔画在答题卡上，不能写在试卷上。

   卷Ⅰ包括三项内容，共85题：

   （1）听力理解（35题，约35分钟）

   （2）阅读理解（40题，40分钟）

   （3）书面表达（10题，10分钟）

2. 卷Ⅱ为书面表达主观题（作文），30分钟。内容用黑色钢笔或签字笔写在答题卡的方格内。

   全部考试时间约115分钟。

二、注意看清题目的说明，严格按照说明的要求，在规定的时间内回答问题。

三、严格遵守考场规则，听从主监考的指挥。考试结束后，必须把试卷和答题卡放在桌子上，等监考人员收回、清点后，才能离场。

1 • 1 • 1 • 1 • 1 • 1 • 1

一、听力理解

（35题，约35分钟）

第 一 部 分

扫一扫，🎧 1～35

说明：1～15题，这部分试题，都是两个人的简短对话，第三个人根据对话提出一个问题，听到问题后，请你在四个备选答案中选出唯一恰当的答案。

例如：第8题，你听到：

男：小兰，你刚才去邮局订杂志，怎么没把今天的晚报买回来？

女：晚报都卖完了。

第三个人问：小兰刚才干什么去了？

你在试卷上看到四个答案：

A 寄信　B 订杂志　C 卖报纸　D 买邮票

根据对话，第8题最恰当的答案是B，你应在答题卡上找到号码8，在字母B上画一横道。横道一定要画得粗一些，重一些。

8 [A] ■ [C] [D]

1. A 身体不好
   B 记性很差
   C 爱吃青菜
   D 喜欢吃肉

2. A 做了错事
   B 批评男的
   C 斜眼看男的
   D 跟男的吵架

3. A 锻炼身体
   B 保护自己
   C 伤害别人
   D 想要出名

4. A 邻居
   B 同学
   C 兄妹
   D 师生

5. A 飞机
   B 火车
   C 汽车
   D 轮船

6. A 学校
   B 商店
   C 家里
   D 饭店

7. A 是个高中学生
B 各科全面发展
C 体育成绩不好
D 学习成绩较差

8. A 钓鱼
B 吃饭
C 游泳
D 购物

9. A 打不通电话
B 工作不顺利
C 儿女晚回家
D 没人关心他

10. A 大家的口味不一样
B 男的的口味很奇怪
C 不想参加朋友聚会
D 这家店做菜不好吃

11. A 厌倦
B 开心
C 无奈
D 气愤

12. A 家具新
B 正合适
C 缺东西
D 地方小

13. A 男的要找人借钱
B 男的知识很丰富
C 女的很喜欢旅行
D 女的很支持男的

14. A 感冒了
B 在发烧
C 等姐姐
D 没起床

15. A 做操
B 写字
C 等人
D 集合

第 二 部 分

说明： 16 ～ 35 题，这部分试题中，你将听到几段对话或讲话。每段话之后，你将听到几个问题，听到问题后，请你在四个备选答案中选出唯一恰当的答案。

例如： 第 25 ～ 27 题，你听到：

男：请问，有包子吗？
女：有。刚做好的，都是热的。
男：怎么卖？
女：五毛钱一个。您要几个？
男：给我来两个。
女：好的。收您十块钱，找您九块，请点一下。
男：谢谢。请问附近哪儿有卖报纸的？
女：前面路口向右拐有一家邮局，邮局里就有。
男：太好了，谢谢。
女：不客气。

第三个人根据这段对话提出三个问题：

25. 问：男的正在做什么？

你在试卷上看到四个答案：

A 问路　B 取钱　C 买东西　D 吃包子

根据对话，第 25 题唯一恰当的答案是 C，你应该在答题卡上找到号码 25，在字母 C 上画一横道。横道一定要画得粗一些，重一些。

25 [A] [B] ▬ [D]

……

你又听到：

27. 男的打算去做什么？

你在试卷上看到四个答案：

A 买邮票　B 打电话　C 取包裹　D 买报纸

根据对话，第 27 题唯一恰当的答案是 D，你应该在答题卡上找到号码 27，在字母 D 上画一横道。横道一定要画得粗一些，重一些。

27 [A] [B] [C] ▬

1 • 1 • 1 • 1 • 1 • 1 • 1

16. A 跑步
B 逛街
C 去医院
D 去海边

17. A 颜色太艳
B 有点儿短
C 适合女的
D 十分漂亮

18. A 散步
B 打电话
C 看稿子
D 逛公园

19. A 一起吃饭
B 最近见面
C 下周看演出
D 明天看展览

20. A 家里进水了
B 天要下暴雨
C 没办法过河
D 身体不舒服

21. A 没有干净水
B 看病很困难
C 住在体育馆里
D 只能吃方便面

22. A 医生
B 记者
C 教师
D 志愿者

23. A 身体细长
B 可以穿针
C 安全又卫生
D 能咬住伤口

24. A 会收集花朵
B 会使人麻醉
C 能用种子制药
D 能辨别出甜味

25. A 裁剪
B 医疗
C 种植
D 卫生

26. A 没听明白
B 还没想好
C 不想直说
D 害怕曹操

27. A 立哪个儿子都可以
B 这样做会导致灾难
C 应像袁绍、刘表一样做
D 曹操应遵循自己的想法

28. A 话不直说的技巧
B 幼子总是受偏爱
C 历史上的废长立幼
D 乱说话会带来灾难

29. A 挂书包
B 增加高度
C 防止摔倒
D 坐上车座

1 • 1 • 1 • 1 • 1 • 1 • 1

30. A 妈妈支持他练习骑车
B 他小学时学会了骑车
C 在刮大风时不想骑车
D 下坡时要推着车子走

31. A 购物
B 闲逛
C 吃饭
D 骑车

32. A 看到了一大片废墟
B 听到了求救的声音
C 看到了母亲的身体
D 听到了大人的哭声

33. A 晕倒了
B 受伤了
C 在睡觉
D 在哭闹

34. A 快去医院治疗
B 感谢救援人员
C 孩子是否平安
D 自己有无危险

35. A 救援的及时
B 孩子的可爱
C 地震的可怕
D 母爱的伟大

2 • 2 • 2 • 2 • 2 • 2 • 2

二、阅读理解

第一部分

（15 题，15 分钟）

说明： 36 ～ 50 题，每一个句子中有一个或两个空，请你从所给的四个备选答案中挑选一个最适合填入空中的答案，并在答题卡上代表正确答案的字母上画一横道。

36. 复习生词时，注意把掌握不牢固的生词做个____，下一遍作为重点复习。
A 标题
B 标记
C 标语
D 标志

37. 妈妈总说，过日子要____持家，细水长流，不能浪费。
A 勤奋
B 勤俭
C 勤劳
D 辛勤

38. 小草的生命力非常____，无论环境多恶劣，都不能阻止它茁壮成长。
A 坚固
B 坚强
C 顽强
D 勉强

39. 放学后，一群学生在学校的操场上____。
A 奔跑
B 奔驰
C 奔腾
D 逃跑

40. 李晨同学喜欢____各种纪念邮票。
A 搜索
B 搜集
C 搜查
D 审查

41. 这学期咱们班的班委人员有____，得重新分配一下工作。
A 振动
B 变迁
C 摆动
D 变动

2 • 2 • 2 • 2 • 2 • 2 • 2

42. 经过全体队员的努力____，我们终于取得了这场比赛的胜利。
A 攻击
B 搏斗
C 拼搏
D 拼命

43. 这次比赛你赢了，下次比赛咱们再来比个____。
A 高低
B 多少
C 早晚
D 大小

44. 我____把课本放到书包里了，怎么就找不到了呢？
A 白白
B 明明
C 茫茫
D 稳稳

45. 今天爸爸过生日，奶奶____下厨做了爸爸最喜欢吃的红烧鱼。
A 单独
B 当面
C 自己
D 亲自

46. ____结果不能令人满意，我们以后____要继续努力。
A 即使　也
B 于是　就
C 尽管　还
D 只有　才

47. 班主任一进教室，____向我们____了下周参加数学竞赛的学生名单。
A 还　发表
B 就　公布
C 又　报告
D 再　传播

48. 最近，我校____了一场以“我爱校园”为主题的手工设计大赛，参展作品设计得都很____。
A 举办　巧妙
B 办理　技巧
C 举行　凑巧
D 开放　恰巧

49. ____欺骗的手段获得财富，比不上____的幸福。
A 使用　单独
B 应用　纯净
C 适用　纯洁
D 运用　单纯

2 • 2 • 2 • 2 • 2 • 2 • 2

50. 在人生的____阶段，孩子认同自己的父母，____学习和模仿父母，完全接受他们的理念。

A 开头　到处

B 开始　件件

C 最初　处处

D 初期　一一

2 • 2 • 2 • 2 • 2 • 2 • 2

第二部分

（25 题，25 分钟）

说明：51 ～ 75 题，每段文字后都有若干个问题，每个问题都有 A B C D 四个备选答案，请你阅读后根据每题的要求选出最恰当的答案，并在答题卡上代表正确答案的字母上画一横道。

51 ～ 53

到饭店吃饭，往往最后会上一道新鲜的水果拼盘作为饭后甜点。这份水果餐很受大家欢迎，但是，饭后吃水果并不有助于消化，反而会加重胃的负担。吃水果的最佳时间是饭前一到两小时，这样身体才能将水果中的营养物质充分吸收。

为什么这么说呢？原来，对于不同的食物种类，胃所需要的消化时间不同。在空腹情况下，水会直接通过胃，而水果在胃中停留的时间约为 20 至 40 分钟，但一般正餐吃下的五谷、肉类、根茎类等食物，经胃消化约需 1.5 至 4 小时不等。如果吃饱饭后立刻吃水果，水果因被先前吃进的食物阻挡，无法被正常消化，时间一长，容易引起腹胀、腹泻或便秘等症状，危害胃肠健康。

【51】根据本文，饭后上水果拼盘：

A 符合饮食科学

B 是种特殊规定

C 仅仅是一种习惯

D 是有益于健康的

【52】根据本文，下列哪种食物在胃中停留的时间最短？

A 牛肉

B 苹果

C 米饭

D 土豆

【53】饭后吃水果会怎样？

A 充分吸收营养

B 容易造成腹胀

C 消化更加完全

D 导致口腔问题

2 · 2 · 2 · 2 · 2 · 2 · 2

54 ～ 56

故事发生在一座海滨小城。

一位作家在海滨小城短暂停留。这天下午，他到海滩上散步，正值海水退潮，海滩上留下了很多搁浅的小鱼。走着走着，他忽然看见不远处有个小男孩儿正在不停地弯腰拾起这些小鱼，然后把它们扔进海里。刚开始，作家以为这个孩子在玩耍。后来，他看小男孩儿非常认真的样子，觉得很惊讶，便走过去对男孩儿说："海滩那么长，被留在海滩上的鱼何止千万条，你这样做没有什么意义啊！"小男孩儿继续拾小鱼，头也不抬地说："尽管我不能让海滩上所有的鱼都回到大海，但至少对我拾到的鱼来说，它们获得了第二次生命。"

【54】作家在哪里遇见了小男孩儿？

A 海滩上

B 小城里

C 大海里

D 鱼市上

【55】小男孩儿拾起小鱼，是为了：

A 好玩儿

B 拿回家

C 扔回海里

D 认真观察

【56】根据本文，小男孩儿觉得：

A 作家不喜欢鱼

B 海滩上鱼太多

C 救多少都有意义

D 能救活所有的鱼

2 · 2 · 2 · 2 · 2 · 2 · 2

57 ～ 59

电影《中央车站》开拍前，导演需要从全国各地的小孩儿中挑选一位男主角。

一天，导演来到一个车站，一个小男孩儿要为他擦皮鞋，他拒绝了。紧接着，小男孩儿问导演能不能借给他一点儿钱，好让他买个面包吃，等他擦鞋挣了钱，一定会还给导演。导演突然发现，眼前这个瘦弱的孩子和自己想象中的男主角很相似。他给了小男孩儿买面包的钱，并且告诉小男孩儿，明天可以去他的工作室找他，不但有饭吃，还可以挣钱。

第二天，当导演来到工作室的时候惊呆了。原来，那个擦鞋的小男孩儿不但自己来了，还带来了车站里几乎所有擦鞋的孩子。导演在这些孩子中间，发现有几个比那个小男孩儿更机灵的孩子，似乎更适合当这部电影的男主角。但最后他还是决定让这个孩子来试试，因为这是个善良的孩子，而电影中的角色设置正是一个善良的孩子。后来，这部电影获得了巨大的成功，一个在车站擦皮鞋的小男孩儿，从此走上了"星光大道"。

【57】导演是在哪里碰到小男孩儿的？

A 车站

B 鞋店

C 面包店

D 工作室

【58】小男孩儿为什么要带其他孩子一起来？

A 想让大家都过来吃东西

B 希望大家过来给他做伴

C 想让大家都有机会挣钱吃饭

D 希望大家都能有擦鞋的机会

【59】导演为什么最后还是决定让小男孩儿当主角？

A 小男孩儿特别机灵

B 没有更合适的孩子

C 小男孩儿非常善良

D 让小男孩儿还他钱

2・2・2・2・2・2・2

60 ～ 63

心理学家早就发现，自然对于我们人类有许多神奇的作用，其中之一就是能够提高我们的记忆力。有人做了这样一项研究：让两组人完成同一个记忆任务，其中一组人在繁忙的大街上走一圈，另一组人在植物园里走一圈，结果发现后者的记忆效果超过前者 20%。进一步研究发现，你甚至都不用真的走到室外，只要看一些风景照片都会有效，尽管效果稍微差一些。因此，我们强烈建议大家将电脑的桌面和屏幕保护程序设置成风景照片，这将有利于你的记忆力，并能调节情绪。

小学生要记东西都会大声朗读，但长大了我们往往放弃这种习惯。其实，大声说出来能帮助我们记忆很多东西。比如，你是否会忘了煤气灶上正烧着水，或者出门忘记关灯，甚至一转身就忘了你要做的事情？我们建议你把要做的事情大声说出来，比如“我在烧水”“我要带上交通卡”。研究表明，这样做能够使记忆的效果提高 10%。

【60】根据第一段，哪种方法最能提高记忆力？

A 到大街上走上一圈

B 到植物园去散散步

C 多看一些风景照片

D 电脑桌面用风景画

【61】第二段主要建议我们：

A 大声说出要记的事

B 让小学生大声朗读

C 出门时要关煤气灶

D 提醒别人带交通卡

【62】本文主要是写给哪一类人看的？

A 心理学家

B 研究人员

C 普通百姓

D 中小学生

【63】最适合做本文标题的一项是：

A 欣赏美景记忆会更好

B 小学生为何要大声读

C 怎样做能提高记忆力

D 忘记东西应该怎么办

2・2・2・2・2・2・2

64 ～ 67

一位社会学家为了研究母亲对人一生的影响，在全国选出 50 位成功人士和 50 名有犯罪记录的人，分别写信给他们，请他们谈谈母亲对自己的影响。有两封回信谈的是同一件事——小时候，母亲给他们分苹果。

甲的妈妈问甲和弟弟想要哪个苹果，弟弟抢着说要最大、最红的那个。妈妈瞪了弟弟一眼，责备道：“好孩子要学会把好东西让给别人，不能总想着自己。”甲灵机一动，说：“妈妈，我要那个最小的，大的留给弟弟吧。”妈妈非常高兴，在甲的脸上亲了一下，并把又大又红的苹果奖励给他。甲通过撒谎得到了自己想要的东西。从此，甲不仅说谎，还打架、偷东西，最后进了监狱。

乙和弟弟们也都争着要最大的苹果。他们的妈妈说：“我把门前的草地分成三块，你们三个一人一块，谁把草地修剪得最快、最好，谁就能得到最大的苹果！”乙和弟弟们比赛，结果乙赢得了那个最大的苹果。乙非常感谢母亲让他明白了最简单也最重要的道理：要想得到最好的，就必须努力争第一。后来，乙在事业上取得了巨大成功。

【64】心理学家是通过什么知道分苹果的事的？

A 研究报告

B 母亲的话

C 两封回信

D 犯罪记录

【65】根据本文，甲是通过什么得到最大的苹果的？

A 撒谎

B 抢夺

C 相互竞争

D 弟弟给的

【66】乙的妈妈让他明白了什么道理？

A 最先选择权十分重要

B 努力才能得到最好的

C 母爱是人生的巨大财富

D 比赛能激发人的积极性

【67】本文主要是为了说明：

A 母亲要经常奖励孩子

B 要学会与人积极竞争

C 如何成为一名成功人士

D 母亲的教育方法很重要

2 • 2 • 2 • 2 • 2 • 2 • 2

68 ～ 71

我国的质量技术监督部门于 2008 年颁布了新的牙膏国家标准。该标准将牙膏质量评定分为卫生指标、感官指标和理化指标，对牙膏的膏体、酸碱值（pH 值）、稳定性、过硬颗粒、含氟量、细菌含量和重金属含量等各种细节及其检测方法、检测标准做出了具体、详细的规定。

按规定，在我国市场上合法销售的所有牙膏品牌必须每 3 个月接受至少一次由中国牙膏检测中心执行的全面检查，以确保产品各项指标合格，让消费者放心使用。实际上，一些知名牙膏品牌的大部分产品质量标准优于国家标准。

有人担心使用牙膏会磨损牙齿，对此，口腔专家指出：牙膏最基本的清洁功能就是通过丰富的泡沫配合对牙齿的适度摩擦来实现的，使用通过国家标准严格检测的合格牙膏绝对不会磨损牙齿。牙膏中添加其他有效成分，还能起到一定的美白、防蛀、消炎等功能，但跟清洁功能比起来，它们只能算是一种修饰，使好者更好罢了。

【68】我国对牙膏的质量评定包括几类指标？
A 3
B 4
C 6
D 7

【69】根据本文，为什么消费者能放心使用合法销售的牙膏？
A 检查方法详细具体
B 每个月都组织检查
C 其质量都高于国家标准
D 相关部门定期全面检查

【70】根据本文，牙膏最重要的功能是：
A 清洁
B 美白
C 防蛀
D 消炎

【71】第三段主要讲的是：
A 牙膏有多种功能
B 选牙膏应注意什么
C 口腔专家的刷牙建议
D 合格牙膏不会磨损牙齿

2 • 2 • 2 • 2 • 2 • 2 • 2

72 ～ 75

他的父亲是方圆数十里最有名的铁匠，他一有时间就到父亲的铁匠铺帮忙。

那年暑假的一天，有位顾客走进铁匠铺，想要打一把斧头。父亲不假思索地说："我这儿不做斧头。你去找黑铁匠吧，他是专做斧头的。"那位顾客挠挠头，走了。

他不明白父亲为什么把到手的生意推给别人，于是疑惑地问父亲："黑铁匠是谁？难道他打的斧头比您打的更好吗？"父亲点了点头："对，我们家的那把新斧头也是请黑铁匠打的。"他好奇地跑到门口，拿起新斧头看了看，觉得整体还不错。但他还是忍不住问："您也做得出一样的斧头呀！"

父亲抬头望了他一眼，没再说话，只是关了铁匠铺的门，带着他来到街上，指着一间木棚说："黑铁匠就在里面，你也去找他做把斧头吧。"他犹豫着走进去，看见一位右臂残缺、衣衫破旧的老人坐在床头，正举着左手吃力地啃着一块硬面包，旁边火红的铁炉旁，放着一把尚未成型的斧头。他刹那间明白了父亲把斧头生意让给黑铁匠做的原因。于是，他走到床边，非常客气地请黑铁匠为他打一把斧头。

这位铁匠的儿子长大后，一直踏实做事，谦虚待人。他认为，自己在某一方面的成功，只是因为占据了更多的优势条件，而那些不具备这些条件的人，在背后也许付出得更多。

【72】父亲为什么不肯为顾客打斧头？
A 父亲不会做斧头
B 不喜欢那个顾客
C 悄悄地帮助黑铁匠
D 不如黑铁匠做得好

【73】在他看来，黑铁匠做的斧头怎么样？
A 很完美
B 比较好
C 很锋利
D 很漂亮

【74】根据本文，下列说法正确的是：
A 他的父亲是个善良的人
B 他想帮助黑铁匠做斧头
C 黑铁匠只能用右手工作
D 他和父亲的生活很艰难

【75】通过这件事，他明白了什么道理？
A 做事踏实才能被别人尊重
B 条件不好的人需付出更多
C 有优势就会取得大的成功
D 每把斧头背后都有个故事

三、书面表达

第一部分

（10题，10分钟）

一、76～80题，在每道题的ABCD四个句子中，只有一个是错误的，请找出这个句子，并在答题卡上代表正确答案的字母上画一横道。

76. A 他的这种表情越发使观众摸不着头脑了。
 B 父亲的生活极有规律，什么时间做什么，简直定得像钟表一样。
 C 少林武术是中华武术的一个重要组成部分。
 D 只有大家齐心协力，就一定能完成今年的任务。

77. A 光听别人说，自己不动脑筋是不行的。
 B 广播电视节目对少年儿童有着不同程度的影响。
 C 无论是谁，在前进的道路上都会遇到一些挫折。
 D 去武汉就去武汉，总比都不去哪儿待在家里强。

78. A 农历五月初五，是我国民间传统的端午节。
 B 经济的发展，并非不一定要以污染环境为代价。
 C 谁都会对自己故乡的方言怀有一种特殊的感情。
 D 一些简单的工作还能对付，复杂一点儿的就不行了。

79. A 这个方案再好不过了，可是要经过领导批准。
 B 中国西部国际博览会已经成为西部地区面向世界的一个大舞台。
 C“第五届全国摄影展”的参展作品内容十分突出。
 D 生物个体从诞生到死亡所经历的时间长度称为“寿命”。

80. A 从结构，汉字中的合体字明显多于独体字。
 B 医生建议我多休息，这样可以放松下来。
 C 这个节目是主持人与听众交流思想和感情的平台。
 D 重要的不是学了多少，而是怎样把学过的内容都记住。

3 • 3 • 3 • 3 • 3 • 3 • 3

二、81～85题，在下面这段文字中，有五处是用拼音代替汉字的，请根据上下文的意思认读拼音，然后在答题卡上找到相应的题号，并在横线上写出正确的汉字。

我国宋代史学家司马光 zhǔchí（81）编纂的《资治通鉴》，历来备受推崇，台湾作家柏杨先生将其 fānyì（82）成了现代语文，使具有中学以上文化水平的广大 dúzhě（83），不需要借助任何 gōngjù（84）书就能读懂这部史学 míngzhù（85）。

请接下去进入作文考试

⇩

MHK（二级）

卷 Ⅱ

书 面 表 达

第 二 部 分

（作文，30 分钟）

作 文 要 求
1. 写作前认真阅读作文提示，按提示要求在规定的时间内写完。
2. 每个空格写一个字，书写要清楚工整；每个标点符号占一个空格，标点符号使用要规范。
3. 作文中不得出现跟考生有关的校名、地名和真人姓名。
4. 保持卷面整洁，不得涂划损坏答卷。

作文提示：

五一劳动节那天，你和父母一起去公园游玩，你玩儿得很开心。请你按照下面的提纲，以“难忘的五一”为题写一篇作文。全文不少于 300 字。

提纲：

第一段，简要交代时间、地点、人物等；

第二段，详细写游玩的过程，并写明什么事让你很难忘；

第三段，写自己的感想。

模拟试卷（四）

MHK（二级）

卷　I

注 意 事 项

一、MHK（二级）试卷分为卷Ⅰ和卷Ⅱ两部分：

1. 卷Ⅰ为客观选择题，每题都有四个供选择的答案，要求在答题卡上画出代表正确答案的字母，每题只能画一横道，如**[A]　[B]　■　[D]**，多画作废。

   请考生注意，卷Ⅰ使用阅读机阅卷，答案必须用铅笔画在答题卡上，不能写在试卷上。

   卷Ⅰ包括三项内容，共85题：

   （1）听力理解（35题，约35分钟）

   （2）阅读理解（40题，40分钟）

   （3）书面表达（10题，10分钟）

2. 卷Ⅱ为书面表达主观题（作文），30分钟。内容用黑色钢笔或签字笔写在答题卡的方格内。

   全部考试时间约115分钟。

二、注意看清题目的说明，严格按照说明的要求，在规定的时间内回答问题。

三、严格遵守考场规则，听从主监考的指挥。考试结束后，必须把试卷和答题卡放在桌子上，等监考人员收回、清点后，才能离场。

一、听力理解

（35题，约35分钟）

第 一 部 分

扫一扫，🎧1～35

说明：1～15题，这部分试题，都是两个人的简短对话，第三个人根据对话提出一个问题，听到问题后，请你在四个备选答案中选出唯一恰当的答案。

例如：第8题，你听到：

男：小兰，你刚才去邮局订杂志，怎么没把今天的晚报买回来？

女：晚报都卖完了。

第三个人问：小兰刚才干什么去了？

你在试卷上看到四个答案：

A 寄信　　B 订杂志　　C 卖报纸　　D 买邮票

根据对话，第8题最恰当的答案是B，你应在答题卡上找到号码8，在字母B上画一横道。横道一定要画得粗一些，重一些。

8 [A]　■　[C]　[D]

1. A 愤怒
   B 着急
   C 犹豫
   D 伤心

2. A 说话
   B 外表
   C 办事
   D 性格

3. A 赞成
   B 生气
   C 高兴
   D 怀疑

4. A 认为女的很奇怪
   B 责备女的爱看戏
   C 没有想到姐姐是戏迷
   D 认为女的受姐姐影响

5. A 房东很辛苦
   B 没拿到房租
   C 房东挣钱多
   D 不喜欢租房

6. A 延长看病时间
   B 减少看病环节
   C 维持排队秩序
   D 转变服务态度

1 • 1 • 1 • 1 • 1 • 1 • 1

7. A 没有数学资料
B 资料不在身边
C 明天去买新的
D 不想借给男的

8. A 同学
B 兄妹
C 父女
D 师生

9. A 不久就会有沙尘
B 雨水压住了风沙
C 春天不会有沙尘
D 想知道下雨次数

10. A 刷牙
B 睡觉
C 收邮件
D 做作业

11. A 南方
B 海边
C 国外
D 家里

12. A 今天
B 随时
C 星期六
D 过一会儿

13. A 商店
B 学校
C 工厂
D 医院

14. A 打电话
B 教普通话
C 表扬女的
D 与青青见面

15. A 女的喜欢吃饼干
B 卖出去很多饼干
C 饼干的价格不便宜
D 男的想多买些饼干

1 • 1 • 1 • 1 • 1 • 1 • 1

第 二 部 分

说明： 16 ～ 35 题，这部分试题中，你将听到几段对话或讲话。每段话之后，你将听到几个问题，听到问题后，请你在四个备选答案中选出唯一恰当的答案。

例如： 第 25 ～ 27 题，你听到：

男：请问，有包子吗？

女：有。刚做好的，都是热的。

男：怎么卖？

女：五毛钱一个。您要几个？

男：给我来两个。

女：好的。收您十块钱，找您九块，请点一下。

男：谢谢。请问附近哪儿有卖报纸的？

女：前面路口向右拐有一家邮局，邮局里就有。

男：太好了，谢谢。

女：不客气。

第三个人根据这段对话提出三个问题：

25．问：男的正在做什么？

你在试卷上看到四个答案：

A 问路　B 取钱　C 买东西　D 吃包子

根据对话，第 25 题唯一恰当的答案是 C，你应该在答题卡上找到号码 25，在字母 C 上画一横道。横道一定要画得粗一些，重一些。

25 [A] [B] ■ [D]

……

你又听到：

27．男的打算去做什么？

你在试卷上看到四个答案：

A 买邮票　B 打电话　C 取包裹　D 买报纸

根据对话，第 27 题唯一恰当的答案是 D，你应该在答题卡上找到号码 27，在字母 D 上画一横道。横道一定要画得粗一些，重一些。

27 [A] [B] [C] ■

1 • 1 • 1 • 1 • 1 • 1 • 1

16. A 青海
B 北京
C 天津
D 河北

17. A 朋友
B 同事
C 亲戚
D 同学

18. A 去学校里上课
B 参加校内活动
C 骑车出去玩儿
D 一起去爷爷家

19. A 比赛
B 活动
C 机器人
D 自行车

20. A 逃学了
B 生病了
C 放假了
D 要考试了

21. A 同意男的的做法
B 家长不够关心她
C 认为老师说错了
D 小时候学习不好

22. A 是自己的事情
B 爸爸应该帮忙
C 考试前要告诉妈妈
D 有老师操心就够了

23. A 不太喜欢下棋
B 有一副新象棋
C 下棋水平很高
D 正和小林下棋

24. A 下象棋总是能赢
B 下棋水平提高了
C 刘明不断表扬他
D 听到小林的称赞

25. A 说话人进步了
B 这步棋走得好
C 象棋的质量很好
D 刘明下棋水平高

26. A 行驶的速度
B 停车的次数
C 等待的时间
D 到达的终点

27. A 没有赶上快车
B 知识越来越多
C 放松自我要求
D 特别喜欢旅游

28. A 早早毕业的人
B 不断努力的人
C 不愿看风景的人
D 做事速度快的人

29. A 书皮
B 课本
C 会员卡
D 笔和本子

1 • 1 • 1 • 1 • 1 • 1 • 1

30. A 喜欢搬家
B 刚十几岁
C 有自己的孩子
D 父母年纪大了

31. A 店的位置
B 店的大小
C 店主人的心
D 店里的商品

32. A 一满桶水
B 两满桶水
C 一个半桶
D 两个半桶

33. A 喘不过气
B 脚步不稳
C 充满信心
D 没装满水

34. A 水都洒了
B 顺利到家
C 一路都很轻松
D 刚出发就受伤

35. A 做事要有远大目标
B 目标与能力要一致
C 有目标就能够成功
D 目标是前进的动力

2 • 2 • 2 • 2 • 2 • 2 • 2

二、阅读理解

第 一 部 分

（15 题，15 分钟）

说明： 36 ～ 50 题，每一个句子中有一个或两个空，请你从所给的四个备选答案中挑选一个最适合填入空中的答案，并在答题卡上代表正确答案的字母上画一横道。

36. 在白色珍珠项链的衬托下，她看起来____照人。
 A 光彩
 B 光辉
 C 光亮
 D 光芒

37. 她是个善良____的老人，脸上总挂着慈祥的笑容。
 A 和谐
 B 和气
 C 和平
 D 和睦

38. 近年来，中国日渐____，在国际经济舞台上发挥着越来越重要的作用。
 A 茂盛
 B 茂密
 C 顽强
 D 强盛

39. 书架上有许多营养学方面的书，值得你____。
 A 参考
 B 考虑
 C 参谋
 D 思考

40. 王老师成功地____了想要退学的学生。
 A 劝阻
 B 劝告
 C 劝说
 D 说明

41. 在李老师的____下，我们参观了自然博物馆。
 A 带头
 B 带领
 C 领导
 D 带路

2 • 2 • 2 • 2 • 2 • 2 • 2

42. 今天下午没课，我____自己去图书馆看书吧。
 A 干脆
 B 宁可
 C 拼命
 D 直接

43. 雷雨过后，远方的天空____明亮了一些。
 A 仿佛
 B 稍微
 C 大致
 D 眼看

44. 我____告诉自己，一定要抓紧时间学习。
 A 平常
 B 一时
 C 时常
 D 暂时

45. 经过大家的共同努力，我们终于____完成了这个项目。
 A 按期
 B 即将
 C 预先
 D 照样

46. ____课堂纪律不好，____会影响同学们的学习。
 A 哪怕　也
 B 既然　就
 C 如果　就
 D 只有　才

47. ____找大家帮忙，要不然只____咱们俩是无法完成这么多工作的。
 A 只要　靠近
 B 除非　依靠
 C 不管　依据
 D 只有　依照

48. 现在我只想好好儿读书，____将来做什么，我还没认真____。
 A 至于　考虑
 B 以至　考验
 C 甚至　参考
 D 要是　思考

49. 他是个很____的孩子，一点儿也不____。
 A 规则　淘气
 B 规矩　调皮
 C 听话　耐烦
 D 认真　彻底

50. 听了英雄人物的先进____后，大家都感动得____。
 A 事迹　不得了
 B 事情　了不得
 C 情况　怪不得
 D 报告　不见得

2・2・2・2・2・2・2

第二部分

（25题，25分钟）

说明：51～75题，每段文字后都有若干个问题，每个问题都有ABCD四个备选答案，请你阅读后根据每题的要求选出最恰当的答案，并在答题卡上代表正确答案的字母上画一横道。

51～53

夏天穿什么衣服最防晒？可能大多数人都会认为是白色或者浅色的衣服，但是……

小芳知道海南那边气温高、紫外线强，她特意带了件白色的长袖衬衣。到了海南，小芳觉得自己穿的是长袖，应该不会被晒伤，因此在出门的时候连防晒霜也没擦，只戴了顶遮阳帽。但在海南开心地玩儿了两天后，小芳就觉得身上有些火辣辣地痛，特别是一双手臂，连碰都不能碰。

我们往往认为，夏天穿浅色的衣服肯定比深色的衣服凉快而且防晒。但医学专家告诉我们，其实夏季穿颜色鲜艳的衣服，防紫外线效果才是最好的。红色、深蓝等深色服装，紫外线穿透率比浅色要低5%～10%，防晒效果最好。

【51】小芳去海边玩儿，为什么穿白色的衣服？
A 觉得白色衣服好看
B 认为白色适合海边
C 认为白色更加防晒
D 觉得穿白色更凉爽

【52】小芳的手臂为什么疼痛？
A 天气热导致的
B 被太阳晒伤了
C 玩儿太久累的
D 不小心摔伤了

【53】为什么深蓝色衣服比较防晒？
A 太阳光照不透
B 保温效果更好
C 深色衣服比较厚
D 紫外线穿透率低

2・2・2・2・2・2・2

54～56

有一位表演教师上场前，他的学生告诉他鞋带松了。老师点头致谢，蹲下来仔细系好。等到学生转身后，他又蹲下来将鞋带解松。

另一个学生看到了这一切，不解地问：“老师，您为什么又要将鞋带解松呢？”老师回答道：“因为我扮演的是一位劳累的旅行者，长时间地行走让他的鞋带松开，可以通过这个细节表现他的劳累憔悴。”

“那您为什么不直接告诉那位同学呢？”

“他能细心地发现我的鞋带松了，并且热心地告诉我，我一定要保护他这种热情和积极性，及时给他鼓励，至于为什么要将鞋带解开，将来会有更多的机会教他表演，可以下一次再说啊。”

【54】根据第一段，老师听了学生的话后：
A 脱下鞋子
B 没有反应
C 系好鞋带
D 耐心讲解

【55】让另一个学生感到奇怪的是：
A 老师的鞋带松了
B 老师系紧了鞋带
C 老师解松了鞋带
D 老师听学生的话

【56】本文主要讲的是：
A 学生为老师考虑更重要
B 老师表演好角色更重要
C 学生学好表演技巧更重要
D 老师及时鼓励学生更重要

2·2·2·2·2·2·2

57 ～ 59

有一年，几十位诺贝尔奖获得者聚会。

有人问其中一位科学家："您在哪所大学、哪个实验室里学到了您认为最重要的东西？" 出人意料，这位白发苍苍的科学家回答："在幼儿园。" 那个人又问："在幼儿园里学到了什么呢？" 科学家答："把自己的东西分一些给小伙伴们；不是自己的东西不要拿；物品要放整齐，饭前要洗手，午饭后要休息；做了错事要表示歉意；学习时要多思考，要仔细观察大自然。从根本上说，我学到的全部东西就是这些。"

这位科学家的回答，代表了聚会人员的普遍看法。他们认为终生所学的最主要的东西，是幼儿园老师给他们培养的良好习惯。

联系现实生活中的人和事，再仔细分析一下，就会越发感到那位科学家的话确实包含着深刻的道理，尤其是在学习问题上，几乎对每一个人都适用。

如果你渴望获得较好的学习成绩，如果你渴望有效地利用时间，如果你渴望在学术上有所建树，那么，就请你尽早养成良好的学习习惯。

【57】那位科学家认为在哪儿学的东西最重要？

A 大学

B 家庭

C 幼儿园

D 实验室

【58】幼儿园老师教育小朋友的目的是让他们：

A 团结友爱

B 讲究卫生

C 待人有礼貌

D 养成好习惯

【59】根据本文，在学习上成功的关键因素是：

A 良好的学习习惯

B 和谐的人际关系

C 仔细地观察事物

D 有效地利用时间

2·2·2·2·2·2·2

60 ～ 63

8 月的哈密格外炎热，几乎每天气温都在 35℃以上。这时，哈密的特产——哈密瓜就大量上市了。

哈密瓜历史悠久，闻名中外，品种很多。有黑眉毛、黄金龙、青麻皮、东湖瓜等。最有名的是红心脆，这种瓜长 30 厘米左右，小的有两三千克，大的足有五六千克，形状像鸡蛋。皮大多是淡绿色的，大的一头有许多不规则的纹路，好像用刀子割过又晒干的白杨树皮。那淡黄色的长条花纹又把瓜分成若干等份，切瓜时就顺着这样的花纹来切。瓜肉的最里面一层是淡红色的，靠近瓜皮逐渐变成淡黄色。红心脆最特别的是味道，拿上一块切好的瓜，立刻有一股清香扑鼻而来，用舌尖舔一下瓜心，甜滋滋的，还夹杂着一股酒味，吃起来更是又甜又香又脆，吃完后好长一段时间，嘴里还留着那醉人的清香。

哈密瓜之所以甜，是因为哈密地区昼夜温差大，光照时间长，降水量少，很适合哈密瓜的生长。

【60】关于哈密，我们知道：

A 8 月较暖和

B 有著名水果

C 有很多叫法

D 全国都有名

【61】本文提到的哈密瓜有：

A 4 种

B 5 种

C 6 种

D 7 种

【62】根据本文，红心脆的特别之处是：

A 形状

B 颜色

C 花纹

D 味道

【63】根据本文，哈密瓜特别甜的原因包括：

A 白天晚上气温差距大

B 哈密人种瓜的历史长

C 哈密的气候特别湿润

D 瓜农们灌溉的次数多

2·2·2·2·2·2·2

64 ～ 67

随着经济的发展和科学的进步，人们已不再满足于“食能果腹”，而更喜爱对人类健康有益的功能食品。何为功能食品？专家表示：“一种食品如果被证明对身体某种或多种机能有益处，能改善健康状况或能减少患病，即可被称为功能食品。”功能食品和一般食品都能为人体提供生存必需的基本营养物质，并具有特定的色、香、味、形。但功能食品含有一定量的功效成分，能调节人体的机能；功能食品一般有特定的食用范围，而一般食品无特定的食用范围。

需要指出的是，国内外对于功能食品的研究和开发尚处于起始阶段，功能食品的效果还有待进一步验证。目前的许多广告存在言过其实的情况，因此消费者不要盲目听信广告的宣传。从科学角度讲，平时注意营养均衡（如由大量新鲜水果、蔬菜、肉类和粗纤维食物构成的多样化饮食），养成有规律的生活习惯，适时适量进行运动，保持愉快的心情，才能从根本上保证健康。

【64】根据本文，现代人喜欢什么样的食品？
A 好吃的食品
B 有营养的食品
C 有益健康的食品
D 相对简单的食品

【65】根据本文，功能食品和一般食品相比：
A 作用都一样
B 食用范围相同
C 都含基本营养物质
D 价格没有太大差别

【66】根据本文，目前功能食品的效果如何？
A 能保证身体健康
B 可预防身体疾病
C 还不是特别明确
D 会对身体有伤害

【67】作者认为，应该如何保证健康？
A 多吃功能食品
B 根据广告消费
C 注意营养均衡
D 适时大量运动

2·2·2·2·2·2·2

68 ～ 71

我爱书，书给了我知识，使我懂得了做人的道理。

学龄前，我就爱上了连环画，特别是彩色的，那彩色的画面真惹人喜爱。不认识字，也可以理解画面中的含意。看的遍数多了，还能分出哪个是好人，哪个是坏人。

上学了，能认识几个字了，这下我更爱看连环画了。虽说认识的字少得可怜，但是，图文对照，仔细辨认，我也能看个一知半解。就拿《孙悟空三打白骨精》来说吧，我不但分得清书中谁好谁坏，还知道孙悟空的本领很大，有七十二变呢！这七十二变的具体内容，就是从图文对照中看出来的。

三年级时，我看见姐姐捧着厚厚的书看得津津有味，不禁疑惑起来，难道全是字的大书比连环画更好看吗？我拿起爸爸专为我买的《岳飞传》。啊，多么有意思的书！我惊奇地发现，自己的感情竟能随着书中故事情节的变化而变化。

上了初中，妈妈买来又大又厚的《辞海》缩印本。好奇心驱使我翻开它，想看个究竟。一打开，我就惊呆了——里面的知识真丰富啊！叫它“辞海”真是名副其实。

书，是我忠实的朋友，是我最好的老师。

【68】根据本文，看连环画的好处是：
A 画面都是彩色的
B 能用图文对照识字
C 不识字也能看懂意思
D 一看便知书中人物好坏

【69】“我”从什么时候开始看全是字的书？
A 上小学之前
B 小学一年级
C 小学三年级
D 初中一年级

【70】“我”为什么觉得《岳飞传》有意思？
A 能通过图画了解故事
B 书中的知识非常丰富
C 爸爸和姐姐都在看此书
D 内心感情随着故事变化

【71】最适合做本文标题的一项是：
A 连环画的故事
B 慢慢长大的我
C 我爱的那些书
D 我和书的故事

2 • 2 • 2 • 2 • 2 • 2 • 2

72 ～ 75

班里有个叫英子的女孩儿，沉静漂亮，但总是蜷缩在教室的一角。她总是上课前早早来到，放学后最后一个离开。后来同学们才知道，她的腿因小时候患小儿麻痹症而残疾，她不愿让别人看到她走路的样子。

一天，上演讲课时，老师让同学们依次走上讲台讲述小故事。轮到英子的时候，全班 40 多双眼睛一齐投向那个角落。英子立即低下头。老师刚刚调来，不了解情况，就一直鼓励英子上来。英子犹豫了一会儿，最后慢吞吞地站了起来。大家注意到英子的眼圈红了。在全班同学的注视下，英子终于一摇一晃地走上了讲台。就在她刚刚站定的那一刻，不知是在谁的带动下，教室里响起了一阵掌声。那掌声热烈、持久。在掌声里，大家看到英子的泪水流了下来。

她讲得很成功，结束时，班里又一次响起了热烈的掌声。英子很礼貌地向老师、同学们深鞠一躬，然后，在掌声里一摇一晃地走下了讲台。

奇怪的是，从此以后，英子就像变了个人似的，她不再那么忧郁了，她与同学们一起游戏、说笑，甚至有一次还让同学们教她跳舞。后来，英子的学习成绩一路上升，尤其是物理与数学。高二那年，她还代表学校参加了全市比赛。再后来，她被北京的一所大学录取了。她给母校的老师来信说："我永远不会忘记那一片掌声，因为它使我明白，同学们并没有轻视我，我应该鼓起勇气微笑着面对生活。那片掌声给了我第二次生命……"

【72】老师点英子的名是因为：

A 英子长得特别漂亮

B 英子每天早来晚走

C 他很想给英子鼓掌

D 要让英子上台演讲

【73】英子为什么犹豫了一会儿才上台？

A 她从小就特别害怕老师

B 她不愿在同学面前走路

C 她不愿在同学面前讲话

D 她不会回答老师的问题

【74】同学们第二次给英子鼓掌是要：

A 鼓励她

B 推荐她

C 祝贺她

D 理解她

【75】第四段的主要内容是：

A 英子改变了很多

B 英子成绩提高了

C 英子给老师写信

D 英子考上了大学

3 • 3 • 3 • 3 • 3 • 3 • 3

三、书面表达

第 一 部 分

（10 题，10 分钟）

一、76 ～ 80 题，在每道题的 A B C D 四个句子中，只有一个是错误的，请找出这个句子，并在答题卡上代表正确答案的字母上画一横道。

76. A 在这种情况，我恨不得马上回家去。

B 攀岩和垒球是奥运会新设的比赛项目。

C 不把产品质量搞上去，企业就不可能有出路。

D 想不到他竟然问了我这样一个奇怪的问题。

77. A 快餐在国内市场上越来越受欢迎。

B 他们正在参加亚洲足球锦标赛而做各种准备。

C 对这个问题，有关部门准备进行深入的研究。

D 他不顾个人安危，冲进火海抢救国家财产。

78. A 要想身体健康，就必须坚持锻炼身体。

B 新年前王云送给同桌一份新年礼物。

C 很多大学生都常常参加文艺演出。

D 中国目前正在进入老龄化国家的行列了。

79. A 我国历史上的第一条铁路是淞沪铁路，已有近百余年的历史了。

B 这些现象充分反映出社会潮流的变化。

C 他是一个很聪明的学生，我曾经辅导过他 3 次。

D 中国是一个有数千年文明史的国家。

80. A 我刚到这儿的时候，怎么也分不清东西南北。

B 经过再三请求，妈妈终于同意小王去海边过暑假了。

C 参加口语考试的同学都集中到了那个教室。

D 物质生活水平的提高，随着人们的精神生活也越来越丰富了。

二、81 ～ 85 题，在下面这段文字中，有五处是用拼音代替汉字的，请根据上下文的意思认读拼音，然后在答题卡上找到相应的题号，并在横线上写出正确的汉字。

早晨是一天的黄金时间，这时，我们的头脑最 qīngxǐng（81），精力最充足，做事情也最有 xiàolǜ（82）。然而很 yíhàn（83），我们很多人并没有好好儿利用这段时间。如果每天早起一小时记日记，我们的 xiězuò（84）能力一定会提高；如果每天早起一小时跑步，我们的身体 sùzhì（85）一定会更好。

请接下去进入作文考试

MHK（二级）

卷 Ⅱ

书 面 表 达

第 二 部 分

（作文，30 分钟）

作 文 要 求

1. 写作前认真阅读作文提示，按提示要求在规定的时间内写完。
2. 每个空格写一个字，书写要清楚工整；每个标点符号占一个空格，标点符号使用要规范。
3. 作文中不得出现跟考生有关的校名、地名和真人姓名。
4. 保持卷面整洁，不得涂划损坏答卷。

作文提示：

学校计划组织“一本书，献爱心”活动，鼓励同学们把读过的图书捐献给贫困地区的孩子，让图书继续发挥作用。你很想当志愿者，负责接收图书，并做好捐献者的信息登记。

请你给班主任王老师写一份申请书，提出请求并说明理由。全文不少于 300 字。

模拟试卷（五）

MHK（二级）

卷 I

注 意 事 项

一、MHK（二级）试卷分为卷Ⅰ和卷Ⅱ两部分：

1. 卷Ⅰ为客观选择题，每题都有四个供选择的答案，要求在答题卡上画出代表正确答案的字母，每题只能画一横道，如 [A] [B] ▬ [D]，多画作废。

   请考生注意，卷Ⅰ使用阅读机阅卷，答案必须用铅笔画在答题卡上，不能写在试卷上。

   卷Ⅰ包括三项内容，共 85 题：

   （1）听力理解（35 题，约 35 分钟）

   （2）阅读理解（40 题，40 分钟）

   （3）书面表达（10 题，10 分钟）

2. 卷Ⅱ为书面表达主观题（作文），30 分钟。内容用黑色钢笔或签字笔写在答题卡的方格内。

   全部考试时间约 115 分钟。

二、注意看清题目的说明，严格按照说明的要求，在规定的时间内回答问题。

三、严格遵守考场规则，听从主监考的指挥。考试结束后，必须把试卷和答题卡放在桌子上，等监考人员收回、清点后，才能离场。

一、听力理解

（35 题，约 35 分钟）

第 一 部 分

扫一扫，🎧 1～35

说明：1～15 题，这部分试题，都是两个人的简短对话，第三个人根据对话提出一个问题，听到问题后，请你在四个备选答案中选出唯一恰当的答案。

例如：第 8 题，你听到：

男：小兰，你刚才去邮局订杂志，怎么没把今天的晚报买回来？

女：晚报都卖完了。

第三个人问：小兰刚才干什么去了？

你在试卷上看到四个答案：

A 寄信　　B 订杂志　　C 卖报纸　　D 买邮票

根据对话，第 8 题最恰当的答案是 B，你应在答题卡上找到号码 8，在字母 B 上画一横道。横道一定要画得粗一些，重一些。

8 [A] ▬ [C] [D]

1. A 锻炼身体
   B 请假回家
   C 好好儿休息
   D 去医院看病

2. A 责备女的没有考好
   B 鼓励女的继续努力
   C 认为期中考试很难
   D 觉得期末肯定考好

3. A 男的喜欢粉色
   B 穿粉色的人多
   C 女的穿粉色漂亮
   D 粉色不容易过时

4. A 不招人喜欢
   B 正在读高中
   C 身体不太好
   D 胆子比较小

5. A 上学
   B 骑车
   C 训练
   D 回家

6. A 做事认真
   B 算数很快
   C 作文写得好
   D 值日很马虎

7. A 想向男的学习
   B 喜欢看足球比赛
   C 愿意参加国际比赛
   D 认为男的不喜欢足球

8. A 不想吃两种药
   B 不想等一个星期
   C 不希望自己还咳嗽
   D 不愿跟女的一起来

9. A 家里
   B 医院
   C 商店
   D 学校

10. A 邻居
    B 亲戚
    C 同学
    D 朋友

11. A 激动
    B 紧张
    C 烦恼
    D 快乐

12. A 责备
    B 鼓励
    C 赞扬
    D 同情

13. A 不打电话没关系
    B 女的还会打电话
    C 不想听女的说话
    D 女的不应该生气

14. A 不想跟男的说话
    B 认为自己长得矮
    C 知道人长高的原因
    D 不知道能否再长高

15. A 斯琴是蒙古族
    B 女的更精神了
    C 女的穿着民族服装
    D 男的变得不一样了

第 二 部 分

说明： 16 ～ 35 题，这部分试题中，你将听到几段对话或讲话。每段话之后，你将听到几个问题，听到问题后，请你在四个备选答案中选出唯一恰当的答案。

例如： 第 25 ～ 27 题，你听到：

男：请问，有包子吗？
女：有。刚做好的，都是热的。
男：怎么卖？
女：五毛钱一个。您要几个？
男：给我来两个。
女：好的。收您十块钱，找您九块，请点一下。
男：谢谢。请问附近哪儿有卖报纸的？
女：前面路口向右拐有一家邮局，邮局里就有。
男：太好了，谢谢。
女：不客气。

第三个人根据这段对话提出三个问题：

25. 问：男的正在做什么？

你在试卷上看到四个答案：

A 问路　　B 取钱　　C 买东西　　D 吃包子

根据对话，第 25 题唯一恰当的答案是 C，你应该在答题卡上找到号码 25，在字母 C 上画一横道。横道一定要画得粗一些，重一些。

25 [A] [B] ■ [D]

……

你又听到：

27. 男的打算去做什么？

你在试卷上看到四个答案：

A 买邮票　　B 打电话　　C 取包裹　　D 买报纸

根据对话，第 27 题唯一恰当的答案是 D，你应该在答题卡上找到号码 27，在字母 D 上画一横道。横道一定要画得粗一些，重一些。

27 [A] [B] [C] ■

1 • 1 • 1 • 1 • 1 • 1 • 1

16. A 上课
B 报名
C 复习
D 看电影

17. A 男的负责买电影票
B 女的不喜欢看电影
C 周日没有好看的电影
D 他们周六一起看电影

18. A 初三
B 初四
C 初五
D 初六

19. A 开汽车
B 坐飞机
C 没有定
D 坐火车

20. A 他要写篇稿子
B 他要检查作业
C 他要组织活动
D 他要去学生会

21. A 是一名记者
B 跟女的是同学
C 是爱心社成员
D 来自边远山区

22. A 采访爱心社
B 去学生会帮忙
C 在报上发表文章
D 向山区学校捐献

23. A 以前不上班
B 一直很开心
C 现在挣钱更多
D 现在骑车上班

24. A 乐观
B 努力
C 烦恼
D 无所谓

25. A 要找到悲伤的原因
B 要听从别人的劝告
C 要经常关心身边人
D 要积极地寻找快乐

26. A 从小一直记得
B 看画像知道的
C 听父亲叙述的
D 自己想出来的

27. A 8 岁
B 9 岁
C 10 岁
D 11 岁

28. A 手
B 嘴
C 衣服
D 眼睛

29. A 已经 4 岁了
B 上幼儿园了
C 找不到房间
D 不喜欢学习

1 • 1 • 1 • 1 • 1 • 1 • 1

30. A 儿子亲了她一下
B 认为儿子很聪明
C 几天没见到儿子了
D 儿子能认识四肢了

31. A 分清左右手
B 分清左右腿
C 分清东南西北
D 分清妈妈和老师

32. A 孤独寂寞
B 没有孩子
C 身体不好
D 没人照顾

33. A 10 万元
B 80 万元
C 100 万元
D 没有说明

34. A 老人还能住在这里
B 老人可怜那个青年
C 老人喜欢那个青年
D 老人不需要太多钱

35. A 有钱不一定成功
B 有决心才能取胜
C 要用爱心对待别人
D 要培养尊老的品德

2·2·2·2·2·2·2

二、阅读理解

第 一 部 分

（15 题，15 分钟）

说明：36～50 题，每一个句子中有一个或两个空，请你从所给的四个备选答案中挑选一个最适合填入空中的答案，并在答题卡上代表正确答案的字母上画一横道。

36. 我们班的徐明同学是个非常看重____的人。
A 名额
B 名称
C 名人
D 名誉

37. 中国和德国的双边贸易前景十分____。
A 宽阔
B 广阔
C 辽阔
D 广大

38. 表演完节目，我和婷婷穿着演出服往家走，过路人向我们投来____的目光。
A 坚定
B 欢喜
C 好奇
D 慌张

39. 只要有一点儿希望，我们就不能轻言____。
A 放下
B 放松
C 放手
D 放弃

40. 今天，老师公布了优秀学生____标准。
A 评比
B 评审
C 比较
D 对比

41. 虽然我们即将____，但我们的友谊永存。
A 分散
B 分离
C 分裂
D 脱离

2·2·2·2·2·2·2

42. 车就要开了，你得快点儿，____就赶不上了。
A 反而
B 向来
C 要不
D 算是

43. 这次考试很难，____我认真复习了，否则肯定考不好。
A 提前
B 从头
C 偶然
D 幸亏

44. 你不能____迷着玩儿游戏，干点儿正事吧。
A 成天
B 屡次
C 率先
D 往往

45. 这次他们碰到的困难可____一个。
A 不必
B 不免
C 不止
D 不曾

46. 这次画展____在美术界引起了很大轰动，____得到了广大观众的好评。
A 除非　否则
B 因为　所以
C 不仅　而且
D 尽管　仍然

47. ____困难再多，我也要____去一趟看看。
A 就是　亲自
B 不论　亲身
C 无论　自己
D 不管　个人

48. 犯了罪就要受到____，____就可能带坏社会风气。
A 责备　要不
B 惩罚　否则
C 批判　不然
D 批评　或者

49. 快告诉我们____吧，那些不重要的先____了。
A 结晶　解决
B 结果　忽视
C 结论　省略
D 终点　节省

50. 这对我来说太____了，我____思想准备都没有。
A 热烈　差点儿
B 猛烈　半截儿
C 残忍　有点儿
D 残酷　一点儿

2·2·2·2·2·2·2

第二部分

（25题，25分钟）

说明：51～75题，每段文字后都有若干个问题，每个问题都有A B C D四个备选答案，请你阅读后根据每题的要求选出最恰当的答案，并在答题卡上代表正确答案的字母上画一横道。

51～53

感冒是一种常见疾病。传统观念认为，感冒是气候变化、身体受凉、过度劳累或者通过呼吸道感染流感病毒等原因导致的。近年来，研究人员经临床观察，又发现了几种引起感冒的原因，其中之一就是"吃"能导致感冒。比如：过多地食用肉类、乳制品等，可降低人体内免疫细胞的抗病毒能力，引起感冒；过多地摄入高盐食物，可导致唾液分泌减少，使口腔及鼻腔黏膜水肿、充血、病原微生物增多，容易引起上呼吸道感染，最终导致感冒；过多地食用高糖食物，可消耗体内水分和营养物质，引起口干舌燥，使人体免疫力降低，容易诱发感冒。看来，吃得太好，也是感冒的根源之一啊。

【51】根据本文，传统观念认为：

A 着凉可引起感冒

B 细菌可引起感冒

C 气温低可引起感冒

D 工作忙可引起感冒

【52】下列吃法中，最不容易引起感冒的一项是：

A 适量吃肉

B 多吃甜食

C 多喝牛奶

D 爱吃咸的

【53】本文主要讲的是：

A 感冒的分类

B 感冒的症状

C 感冒与病毒

D 感冒与饮食

2·2·2·2·2·2·2

54～56

5岁的浩浩和爸爸、妈妈、哥哥一起到森林里干活儿，突然间下起雨来，可是他们只带了一块雨披。爸爸将雨披给了妈妈，妈妈给了哥哥，哥哥又给了浩浩。浩浩问："为什么爸爸给了妈妈，妈妈给了哥哥，哥哥又给了我呢？"爸爸回答："因为爸爸比妈妈强大，妈妈比哥哥强大，哥哥又比你强大呀。我们都会保护比较弱小的人。"浩浩左右看了看，跑过去将雨披撑开来，挡在了一朵风雨中飘摇的娇弱小花上面。

【54】根据本文，一开始谁拿着雨披？

A 爸爸

B 妈妈

C 哥哥

D 浩浩

【55】根据本文，最后雨披为谁遮挡风雨？

A 妈妈

B 哥哥

C 花儿

D 浩浩

【56】本文主要想告诉我们：

A 要爱护花草树木

B 要保护弱小的人

C 一家人要相亲相爱

D 做事前要充分准备

2・2・2・2・2・2・2

57～59

自秦代以来，我国就一直以立春作为春季的开始。立春的日期是根据天文来定的，而在自然界、在人们的心目中，春是温暖——鸟语花香，春是生长——耕耘播种。

时至立春，人们明显地感觉到白昼长了，阳光暖了。气温趋于上升，河水开始解冻，降雨逐渐增多，小动物们也活跃起来。农作物长势加快，耗水量增加，应该及时浇灌追肥，促其生长。不过，虽然立了“春”，北方不少地区仍会有霜冻出现，少数年份还会有“白雪却嫌春色晚，故穿庭树作飞花”的景象。这些气候特点，在安排农业生产时都是应该考虑到的。

人们总爱从大自然中寻找春的信息，春天在哪里呢？那柳条上探出头来的芽苞，那泥土中跃跃欲出的小草，都向人们指引着春天的踪迹。而为了获得新一年的大丰收在田野中辛勤劳动的人们，正在用双手创造真正的春天。

【57】我国以立春作为春季的开始，始于：

A 秦代

B 唐代

C 宋代

D 明代

【58】根据本文，立春以后人们可以感觉到的变化是：

A 小麦成熟了

B 气温太高了

C 进入雨季了

D 白天变长了

【59】“白雪却嫌春色晚，故穿庭树作飞花”说的是：

A 春花盛开

B 绿树成荫

C 初春飞雪

D 天色已晚

2・2・2・2・2・2・2

60～63

植树节那天下午，我们班全体同学在学校附近的山坡上开展了一次有意义的植树活动。

我们在老师的带领下，带着铁锹、水桶、树苗，唱着歌儿来到目的地。一到山坡上，班主任李老师就给我们分好了任务：两人一组，每组至少种一棵树，多多益善。我和刘小峰合作得最好了。我们俩先一起挖了个较深的坑，好让树苗扎根。挖好坑，我们虽然已经累得满脸通红了，但没有停下。我怕把小树苗种歪了，双手紧紧地扶着树身。刘小峰半蹲着，两腿自然分开，双手紧握着铁锹往树坑里填土。树苗种好了，刘小峰把土踩实，我提来一桶水倒进坑里。就这样，我们组最先完成了第一棵树的种植。旁边的女同学也不示弱，她们虽然没有男生力气大，但也不愿意落后，一桶水一个人提不动，就两个人抬。在大家的共同努力下，几十棵小树苗很快就种好了。李老师表扬了大家，我们望着那一棵棵小树苗，高兴地笑了。

太阳快落山了，我们收拾好工具愉快地向家里走去。劳动了一下午，虽然有点儿累了，但我们既锻炼了身体，又学会了一项新技能，还为保护环境做出了贡献，大家都觉得很满足。

【60】根据本文，挖坑是植树的：

A 第一步

B 第二步

C 第三步

D 第四步

【61】刘小峰填土时，“我”在做什么？

A 踩土

B 浇水

C 抬水桶

D 扶树苗

【62】女同学在这次活动中：

A 主要负责提水

B 没有得到表扬

C 和男生一样努力

D 最先种好了树苗

【63】第三段主要讲的是：

A 活动结束的时间

B 植树活动的意义

C 劳动了一天很累

D 回家路上的情景

2·2·2·2·2·2·2

64～67

一天，夜深人静，锁叫醒了钥匙并埋怨道："我每天任劳任怨地为主人看守家门，而主人喜欢的却是你，总把你带在身边，真让人生气啊！"而钥匙也不满地说："你每天待在家里，没什么事，多舒服啊！我每天跟着主人，日晒雨淋的，多辛苦啊！我才生气呢！"

钥匙也想过一过舒服的生活，于是把自己藏了起来。主人出门后回家，找不到钥匙，一气之下把锁给砸了，并顺手扔进了垃圾筒。进屋后，主人找到了钥匙，气愤地说："锁也砸了，现在留着你还有什么用呢？"说完，把钥匙也扔进了垃圾筒。

在垃圾筒里相遇的锁和钥匙，不由得感叹起来："今天我们落得如此可悲的下场，都是因为过去我们没有看到对方的价值与付出，这山望着那山高，斤斤计较、彼此嫉妒造成的啊！要是我们彼此支持，通力合作，又怎么会这样呢？"

【64】根据本文，锁抱怨的是：

A 守门付出多

B 总待在家里

C 主人不喜欢

D 看不到主人

【65】根据本文，钥匙不满的是：

A 出门太辛苦

B 在外事情多

C 跟着主人不开心

D 永远都不能休息

【66】主人为什么把钥匙扔进了垃圾筒？

A 钥匙打不开锁了

B 砸锁后钥匙没用了

C 主人不喜欢钥匙了

D 主人认为钥匙坏了

【67】本文主要想告诉我们：

A 合作很重要

B 不能有偏向

C 不能总是抱怨

D 要为别人着想

2·2·2·2·2·2·2

68～71

2050年，我们的学校一定会像童话世界一样美丽、神奇。

这个学校里，没有按班级分好的教室，学生们不分年级，根据自己的兴趣选择想上的课。绿树掩映下的一座座大楼是按学科建的人文馆、数学馆、外语馆、生物馆、化学馆等。唯一没有的是图书馆，因为这时的信息技术已经可以把电脑变得更小、使用更方便，人们就不用再拿着一本本厚厚的书读了。印刷品都变成了文物。

2050年的学校并不是没有老师，但这些老师更像学生们的朋友、知识王国的导游。上课时，学生们主要靠自己动手。借着信息技术的帮助，学生们可以亲手摸到很多教室里没有的东西。师生之间最重要的交流就是：上课时，老师问学生想做什么实验、想研究什么问题；下课时，学生向老师报告实验和研究的结果。如果遇到困难，老师会及时地提供帮助。

这个学校虽然什么样的先进设备都有，但学生们却不会常常待在学校里，约三分之一的时间要走出校门去调查社会和自然界的各种情况，毕业前的两年更要花大量时间参加社会实践活动，培养团队合作能力。

【68】作者把2050年的学校比喻成：

A 导游

B 朋友

C 图书馆

D 童话世界

【69】2050年，学生依据什么选课？

A 年级

B 学科

C 兴趣

D 年龄

【70】根据本文，2050年的学校：

A 只有很少的书

B 学生不用上课

C 老师不再指导学生

D 学生常常深入社会

【71】最适合做本文标题的一项是：

A 神奇的未来

B 未来的学校

C 2050年的科技发展

D 2050年的师生关系

2・2・2・2・2・2・2

72 ～ 75

在我成长的过程中，发生的故事多得就像满天的繁星，数也数不清，但其中一颗"星星"（72）让我终生难忘。

那时我上小学，有一次和妈妈逛街的时候，我看见许多小朋友在玩儿滑板，妈妈让我也去试试。我生性胆小，又怕痛，所以无论妈妈怎样劝说，我都不肯。妈妈看拗不过我，只好拉着我走了。

一个星期六的下午，我看见一个和我差不多大的小男孩儿在小区里滑着滑板，又帅气又威风，引来了很多人观看，神气极了！回家以后，我去恳求妈妈给我买一个滑板，妈妈爽快地答应了。

第二天妈妈就买来了滑板，我欣喜若狂，二话没说就和妈妈拎着滑板来到楼下练起来。刚开始，我滑到哪儿妈妈就跟到哪儿，她一直扶着我，我感觉很安全。可慢慢地妈妈就不是这样了：不知何时，她扶着我的手竟然松开了！当发现这一点时，我心一慌，结果可想而知——我摔了个仰面朝天。揉着摔痛的手和屁股，我大声吼道："我不练了！"说着就气呼呼地往家里跑。"胆小鬼，这点儿痛都受不了，还算什么男子汉？"妈妈在后面冲我大声喊道。我停下脚步，又听妈妈平静地对我说："我相信你一定能行的！"在妈妈的鼓励下，我走了回来，继续练。我摔了一次又一次，终于，妈妈的手放开了，而我依然在滑！我激动地大叫一声："我成功了！"

这虽然只是我成长道路上的一个小插曲，但是它让我懂得了一个道理：世上无难事，只怕有心人！

【72】第一段中的"星星"指的是：

A 数不清的星星

B 终生难忘的事

C 成长中的故事

D 母子间的故事

【73】逛街时"我"不肯玩儿滑板，是因为"我"：

A 怕摔倒后疼痛

B 觉得不好玩儿

C 认为滑板太贵

D 想跟别人不同

2・2・2・2・2・2・2

【74】练习滑板时，对"我"帮助最大的是：

A 妈妈批评"我"是胆小鬼

B 妈妈相信"我"一定能行

C 妈妈一直扶着"我"练习

D 妈妈一直陪着"我"练习

【75】根据本文，下列说法正确的是：

A 故事发生在"我"上学前

B 学滑板让"我"学会了坚强

C"我"学滑板是为了参加表演

D"我"在一个星期六学会了滑板

三、书面表达

第一部分

（10题，10分钟）

一、76～80题，在每道题的A B C D四个句子中，只有一个是错误的，请找出这个句子，并在答题卡上代表正确答案的字母上画一横道。

76\. A 这篇课文的难度跟那篇课文的一样。
B 我们班没有一个人喜欢王老师的，她就像我们的妈妈一样。
C 这个问题不解决，后果就不堪设想。
D 这种家具便宜是便宜，可是已经过时了。

77\. A 这幅油画被认为是本世纪的经典之作。
B 你是人民代表，不代表人民的利益，代表谁的利益?
C 这个词的用法，连好多有经验的老师也不说出来。
D 新鲜的鸡蛋会沉在水底，变质的鸡蛋却会浮起来。

78\. A 我国国土辽阔，各地的风俗习惯有很大的不同。
B 今天是学雷锋日，连小学生都积极参加了这次有益的活动。
C 现在人们的生活一天比一天非常丰富，年轻人越来越会打扮了。
D 手机的功能越来越多，以满足使用者的不同需要。

79\. A 这哪是帮忙啊，简直是给大人找麻烦!
B 人对音乐的感觉和反应都是非常独特的。
C 健康素质是一个国家或地区人群健康状况的综合反映。
D 虽然这个国家很发达，但是来这里的人不必都想留下来。

80\. A 培养什么人的问题一直是教育的首要问题。
B 我国有句俗语，叫作“一勤天下无难事”。
C 宽阔的大街上，行人车辆川流不息，像潮水一样连续不断。
D 申办冬奥会成功以后，张家口市建设得越来越美了。

二、81～85题，在下面这段文字中，有五处是用拼音代替汉字的，请根据上下文的意思认读拼音，然后在答题卡上找到相应的题号，并在横线上写出正确的汉字。

周黎原来是大学 jiàoshòu 81，会讲5种语言，谈起话来知识非常丰富。我对她 pèifú 82 得不得了。可是，遇到疑难问题时，她总是坦白地说：“我不知道。”我常常感到 jīngyà 83。后来，她告诉我：“不要以为你说‘我不知道’，就是向别人 biǎomíng 84 你的无知，其实，你从这句话中得到的是一次学习的机会。别人说我见识 guǎngfàn 85，其实，我的知识很大一部分就是这样积累起来的。”

请接下去进入作文考试

⇩

MHK（二级）

卷 Ⅱ

书 面 表 达

第 二 部 分

（作文，30 分钟）

作 文 要 求

1. 写作前认真阅读作文提示，按提示要求在规定的时间内写完。
2. 每个空格写一个字，书写要清楚工整；每个标点符号占一个空格，标点符号使用要规范。
3. 作文中不得出现跟考生有关的校名、地名和真人姓名。
4. 保持卷面整洁，不得涂划损坏答卷。

作文提示：

初中毕业后，你要去另外一所中学读高中。离开母校前，请给你的班主任李老师写一封信，表达你对老师的感激之情。全文不少于 300 字。

模拟试卷（六）

MHK（二级）

卷 Ⅰ

注 意 事 项

一、MHK（二级）试卷分为卷Ⅰ和卷Ⅱ两部分：

1. 卷Ⅰ为客观选择题，每题都有四个供选择的答案，要求在答题卡上画出代表正确答案的字母，每题只能画一横道，如**[A]　[B]　■　[D]**，多画作废。

   请考生注意，卷Ⅰ使用阅读机阅卷，答案必须用铅笔画在答题卡上，不能写在试卷上。

   卷Ⅰ包括三项内容，共 85 题：

   （1）听力理解（35 题，约 35 分钟）

   （2）阅读理解（40 题，40 分钟）

   （3）书面表达（10 题，10 分钟）

2. 卷Ⅱ为书面表达主观题（作文），30 分钟。内容用黑色钢笔或签字笔写在答题卡的方格内。

   全部考试时间约 115 分钟。

二、注意看清题目的说明，严格按照说明的要求，在规定的时间内回答问题。

三、严格遵守考场规则，听从主监考的指挥。考试结束后，必须把试卷和答题卡放在桌子上，等监考人员收回、清点后，才能离场。

一、听力理解

（35 题，约 35 分钟）

第 一 部 分

扫一扫，🎧1～35

说明：1～15 题，这部分试题，都是两个人的简短对话，第三个人根据对话提出一个问题，听到问题后，请你在四个备选答案中选出唯一恰当的答案。

例如：第 8 题，你听到：

男：小兰，你刚才去邮局订杂志，怎么没把今天的晚报买回来？

女：晚报都卖完了。

第三个人问：小兰刚才干什么去了？

你在试卷上看到四个答案：

A 寄信　　B 订杂志　　C 卖报纸　　D 买邮票

根据对话，第 8 题最恰当的答案是 B，你应在答题卡上找到号码 8，在字母 B 上画一横道。横道一定要画得粗一些，重一些。

8 [A]　■　[C]　[D]

1. A 师生
   B 同学
   C 邻居
   D 朋友

2. A 购物
   B 学习
   C 搞卫生
   D 洗衣服

3. A 不相信王东
   B 明天会降温
   C 天气预报不准
   D 一定多加衣服

4. A 学校
   B 书店
   C 眼镜店
   D 文具店

5. A 男的
   B 王红
   C 刘军
   D 老师

6. A 作家
   B 医生
   C 教师
   D 司机

7. A 怀疑
B 批评
C 赞成
D 责备

8. A 太阳出来了
B 男的起得晚
C 女的要赶火车
D 火车已经开了

9. A 讲信用
B 数学好
C 喜欢说话
D 爱交朋友

10. A 植物
B 文具
C 肉食
D 香水

11. A 过时不重要
B 今年不过时
C 喜欢不重要
D 穿着不舒服

12. A 拍照片
B 修相机
C 打电话
D 取快递

13. A 不能 8 点见
B 要一起去见
C 可以在家见
D 坚决不许见

14. A 愿意出门运动
B 喜欢待在家里
C 不关心新鲜事物
D 不愿认识别的人

15. A 厌恶
B 爱惜
C 不让用
D 不在乎

第 二 部 分

说明： 16 ～ 35 题，这部分试题中，你将听到几段对话或讲话。每段话之后，你将听到几个问题，听到问题后，请你在四个备选答案中选出唯一恰当的答案。

例如： 第 25 ～ 27 题，你听到：

男：请问，有包子吗？
女：有。刚做好的，都是热的。
男：怎么卖？
女：五毛钱一个。您要几个？
男：给我来两个。
女：好的。收您十块钱，找您九块，请点一下。
男：谢谢。请问附近哪儿有卖报纸的？
女：前面路口向右拐有一家邮局，邮局里就有。
男：太好了，谢谢。
女：不客气。

第三个人根据这段对话提出三个问题：
25. 问：男的正在做什么？
你在试卷上看到四个答案：
A 问路　B 取钱　C 买东西　D 吃包子
根据对话，第 25 题唯一恰当的答案是 C，你应该在答题卡上找到号码 25，在字母 C 上画一横道。横道一定要画得粗一些，重一些。
25 [A] [B] ■ [D]
……
你又听到：
27. 男的打算去做什么？
你在试卷上看到四个答案：
A 买邮票　B 打电话　C 取包裹　D 买报纸
根据对话，第 27 题唯一恰当的答案是 D，你应该在答题卡上找到号码 27，在字母 D 上画一横道。横道一定要画得粗一些，重一些。
27 [A] [B] [C] ■

1 • 1 • 1 • 1 • 1 • 1 • 1

16. A 刮风的
B 晴朗的
C 有雾的
D 偏冷的

17. A 盼望刮风
B 害怕降温
C 心情不好
D 身体健康

18. A 路上
B 饭店
C 校园里
D 校门口

19. A 快迟到了
B 是名学生
C 在等男的
D 想约明天

20. A 不敢踩上去
B 个子不够高
C 害怕摔下来
D 没有人扶着

21. A 母子
B 父女
C 邻居
D 姐弟

22. A 女的上去擦
B 男的再试试
C 不擦上面了
D 找人借梯子

23. A 愿意跟着组长前进
B 情绪一直比较糟糕
C 走到一半才有人叫苦
D 快到终点时加快步伐

24. A 目标很确定
B 组长会唱歌
C 离目的地最近
D 路边有里程碑

25. A 第一组
B 第二组
C 第三组
D 都一样

26. A 木头
B 塑料
C 白纸
D 牛皮

27. A 娃娃一个套一个
B 文化内容很丰富
C 动物形象比较多
D 有童话里的人物

28. A 最近几年才出现
B 素材越来越多样
C 没有普通人形象
D 娃娃个数都一样

29. A 汽车
B 火车
C 飞机
D 轮船

1 • 1 • 1 • 1 • 1 • 1 • 1

30. A 认为一定没有空位
B 不肯坚持寻找座位
C 不知道中途有人下车
D 觉得站着比坐着舒服

31. A 机会到处都有
B 先思考再行动
C 做事要坚持到底
D 表面现象迷惑人

32. A 不爱看人
B 不够自信
C 只是一种习惯
D 觉得低头更美

33. A 又低下了头
B 遇到了老师
C 跟人撞了一下
D 不小心摔倒了

34. A 帮助了别人
B 昂着头走路
C 蝴蝶结很漂亮
D 愿意和人说话

35. A 女孩儿要打扮
B 人的长相很重要
C 自信的人是美丽的
D 漂亮女孩儿讨人喜欢

2 • 2 • 2 • 2 • 2 • 2 • 2

二、阅读理解

第 一 部 分

（15 题，15 分钟）

说明：36 ～ 50 题，每一个句子中有一个或两个空，请你从所给的四个备选答案中挑选一个最适合填入空中的答案，并在答题卡上代表正确答案的字母上画一横道。

36. 她说话特别快，并且带有浓重的南方____。
A 口气
B 口音
C 口语
D 语气

37. 再认真考虑一下，不要这么____地做出决定。
A 仓促
B 忙碌
C 慌乱
D 紧张

38. 他心里很____，一天没出门，也没说一句话。
A 残忍
B 疯狂
C 烦闷
D 烦人

39. 同学们给她凑够了钱，治好了病，她很____大家。
A 感激
B 感动
C 感恩
D 感慨

40. 电影快____了，观众们陆续走进电影院。
A 开头
B 开演
C 开动
D 开幕

41. 你如果想在吃晚饭前赶到家，就得____步伐。
A 抓紧
B 加速
C 加快
D 加重

2 • 2 • 2 • 2 • 2 • 2 • 2

42. 我在街上碰到一个老同学，可____想不起他叫什么了。
A 再三
B 一时
C 一连
D 一再

43. 昨晚聚会结束得太晚，没有公交车了，我们____坐出租车回去。
A 只得
B 只顾
C 只管
D 只要

44. ____喜欢唱歌的同学都可以参加合唱团。
A 凡是
B 大都
C 大多
D 只是

45. 我走到村口，只见妈妈正____地站在那里等我。
A 紧俏
B 紧急
C 焦急
D 急躁

46. ____大家不断帮助他，____他有了很大的进步。
A 既然　就
B 只要　就
C 因为　所以
D 虽然　但是

47.《孙子兵法》出现以后，____在我国流传千年，在其他国家也有____影响。
A 尽管　畅通
B 由于　昌盛
C 不但　宽阔
D 不仅　广泛

48. 听到大家对她的____，她____轻轻地一笑，然后说："这些都是应该的。"
A 赞美　总是
B 谈论　就是
C 表扬　仿佛
D 议论　比如

49. ____物质生活水平的提高，我市____的文化生活也越来越丰富了。
A 接着　听众
B 连着　百姓
C 跟着　公民
D 随着　居民

2 • 2 • 2 • 2 • 2 • 2 • 2

50. ____上课时间就要到了，小君____跑到学校。

A 眼看　一口气

B 亲眼　无所谓

C 眼红　进一步

D 看望　不在乎

2 • 2 • 2 • 2 • 2 • 2 • 2

第二部分

（25 题，25 分钟）

说明：51 ～ 75 题，每段文字后都有若干个问题，每个问题都有 A B C D 四个备选答案，请你阅读后根据每题的要求选出最恰当的答案，并在答题卡上代表正确答案的字母上画一横道。

51 ～ 53

我们平常吃的食物中，有很多东西都对牙齿有好处。比如芹菜。芹菜的纤维就像扫把一样，能扫掉牙齿上的部分食物残渣。再比如香蕉。香蕉中富含维生素 C，可以让牙龈更健康。严重缺乏维生素 C，牙龈会变得脆弱，容易出现肿胀、流血、牙齿松动或脱落等症状。多嚼无糖口香糖也是保护牙齿的好办法，因为越是费劲咀嚼，越能刺激口腔分泌唾液，平衡口腔内的酸碱值，达到自然抗菌的效果。此外，适量喝水能让牙龈保持湿润，刺激口腔分泌唾液。吃完东西后喝水，可以顺道带走残留在口中的食物残渣，不让细菌得到养分，进而保护牙齿。

【51】根据本文，能保护牙龈的食物是：

A 芹菜

B 洋葱

C 香蕉

D 口香糖

【52】根据本文，什么样的口腔环境有利于牙齿健康？

A 唾液较少

B 酸碱平衡

C 牙龈干燥

D 略有残渣

【53】根据本文，吃完东西后喝水的主要作用是：

A 进行自然抗菌

B 防止牙齿松动

C 促进唾液分泌

D 带走食物残渣

2 • 2 • 2 • 2 • 2 • 2 • 2

54～56

医学家经过研究，得出一个结论：精神专注的人更长寿。比如，书法家一般都比平常人寿命长，因为在练习书法时，必须专心致志，排除杂念，聚精会神，不能有一丝一毫的分心。书法家就是一个精神专注的群体。专家解释，当一个人将全部的热情倾注于一项自己喜欢的事业上时，他自然也就沉浸在一种愉悦的情绪中，全力以赴地去做，心平气和地去做。他在全身心投入的过程中，很自然地忘记了自己和身外之物，处于一种宁静、单纯的精神状态中。这可以使人乐而忘忧，增强人体的免疫功能和抵抗疼痛的能力。

【54】书法家在工作时有什么特点？

A 精神饱满

B 思想高尚

C 注意力集中

D 总想着长寿

【55】根据本文，当一个人全身心地投入一件事时：

A 心情很愉快

B 头脑很简单

C 会忘记自己的名字

D 抵抗能力可能变差

【56】根据本文，哪一类人的寿命更长？

A 充满热情的人

B 做事专心的人

C 容易忘事的人

D 不常思考的人

2 • 2 • 2 • 2 • 2 • 2 • 2

57～59

初夏的一天，倾盆大雨下个不停，街上到处都是雨水。放学后，同学们打着雨伞，急匆匆地回家。

我发现路边下水道的入口处，蹲着一个穿雨衣的人。下这么大的雨，这人在干什么呢？我好奇地走过去，原来是一位 50 来岁的伯伯。雨衣不能完全遮盖他的身体，湿透了的袖口和裤管紧紧地贴在他身上。他手拿一根约两尺长的木棍，棍头上扎着几根粗铁丝，正从下水道里往外掏脏东西。

我轻轻地走过去，用雨伞遮住他的头部。伯伯惊讶地抬起头，看到学生模样的我，便冲我一笑，说："谢谢你！" 我说："我们都该谢谢您！" 从谈话中，我知道他是这条街上的清洁工。他说，每次下雨都要掏下水道，要是下水道不通，路面上就会积水，太危险了。过了大概 20 分钟，下水道终于通了，周围的积水迅速流进去，路面上清爽了许多。他送给我一个微笑，扛着工具走了。

望着他消失在雨中的背影，我想：他是多么平凡而伟大啊！他尽职尽责，用自己勤劳的汗水换来了这条街道的美，换来了这座城市的美，他真是一位"城市美容师"！

【57】根据本文，那位伯伯在下水道入口旁：

A 寻找东西

B 清扫街道

C 蹲着躲雨

D 通下水道

【58】"我"是怎么知道那位伯伯身份的？

A 自己猜想的

B 听别人说的

C 伯伯自己说的

D 伯伯身上写着

【59】"我"为什么说那位伯伯是"城市美容师"？

A 他在美容行业工作

B 他让城市变得更美

C 他的工作有艺术性

D 他勤劳并很负责任

2·2·2·2·2·2·2

60～63

我有位朋友在企业上班，由于一件小事，他和单位领导发生了争执。朋友一怒之下，辞职走人。为了证明自己离开原先那家企业能过得更好，他投资做起了饲料生意，坚持不到一年，就因为欠货款太多，经营不下去了。随后，朋友做起了对他来说更为陌生的干货生意，没过半年，挣的钱还不够交店面租金的，只能关门大吉。而与朋友一样辞职经商的几个同事，如鱼得水，生意兴隆，让我这位朋友越发窝火心焦。几年来，他在本地干过保险、保安，现如今，听说他辗转于大城市，四处寻找能让他发达的事业。他不相信自己跌倒了就爬不起来了，而事实是，他从来就没有稳稳当当地站起来过、思考过。

再举一个例子。冬季的北方，下了雪的街道，由于晚上气温骤降，路面就成了真正的滑冰场。行人在街道上滑倒是再正常不过的事情了。有经验的人，滑倒后会坐在冰面上休息一小会儿，然后再缓缓爬起来，以防再次滑倒；而有些人，则在冰面上急切地站起来、滑倒，再站起来、再滑倒，看上去仿佛在跳一种滑稽的舞蹈。

这些不断滑倒的人，就像我的那位朋友一样，他们始终不明白：为什么自己那么快速、勇猛、不屈不挠地站起来，而等待自己的命运，仍然是残酷地跌倒？

【60】根据本文，“我”的朋友现在在做什么？

A 饲料生意
B 干货生意
C 保险工作
D 没有说明

【61】“我”的朋友没能发达起来的原因是：

A 不会管理企业
B 没有工作经验
C 没有认真思考
D 缺乏足够资金

【62】根据第二段，在冰上摔跤后应该：

A 迅速站起来
B 坐下来不动
C 先休息再站起来
D 勇敢地向前滑行

【63】最适合做本文标题的一项是：

A 站起来的奥秘
B 冰面上的舞蹈
C 不要轻易辞职
D 跌倒后怎么办

2·2·2·2·2·2·2

64～67

一位农民朋友给我讲述了一段他自己的经历。

那天，他拉着沉甸甸的板车疲惫地来到山脚下。望着前面那一段长长的上坡路，他不禁担忧起来，心想：今天靠自己一个人绝对拉不上去了，肯定得有人帮一把才行。正在为难之际，走过来一个路人。路人看出了他的窘境，对他说：“没关系，我来帮你。”说着，便利落地卷起袖子，拉开一副推车的架势。于是，他就咬紧牙使劲地拉车。在热心的路人“加油，加油”的鼓劲声中，车终于被拉到了坡顶。当他感谢路人帮忙时，没想到那人却说：“你用不着感谢我。这两天我的腰扭伤了，根本就不能用力，我只是喊喊‘加油’而已。能将这车拉上来，全靠你自己。”

农民朋友的故事不禁使我联想到，人生之路不也是如此吗？一位名人曾说：“容易走的都是下坡路。”人生之路并非一马平川（66），而是时有高低起伏，需要用点儿力气才能继续前进。许多时候，正是由于我们放弃了努力，才白白地错失了成功的良机。结果便是半途而废，无功而返。

【64】根据本文，农民朋友不敢上坡的原因是：

A 坡太陡了
B 货太重了
C 自己的力量太小
D 太累而缺乏自信

【65】路人是怎样帮助农民的？

A 帮着推车
B 加油鼓励
C 讲大道理
D 帮忙看路

【66】下列对画线词语解释正确的一项是：

A 全是下坡的道路
B 相对较低的地面
C 马能奔跑的广阔平地
D 一匹马能踏平的土地

【67】本文主要想告诉我们：

A 成功需要不断努力
B 人生不能走下坡路
C 人生没有好走的路
D 成功需要别人帮助

2 • 2 • 2 • 2 • 2 • 2 • 2

68 ～ 71

如何维护心理健康，过上快乐的生活？

首先，要保持合理的欲望。有一个寓言能够很好地说明这个道理。一个渔夫打了几条鱼后休息去了，路人问："为什么不继续打鱼？" 渔夫答："已经够养活自己了。" 路人说："多打鱼可以攒钱买新船、雇人、开公司、买别墅，然后就能舒舒服服地躺在海边晒太阳了。" 渔夫答："可是我现在已经在海边舒舒服服地晒太阳了呀！"

其次，多跟亲人、朋友联络，通过面对面地交流增进感情。亲人是让人感觉最安全、心里最舒服的交际对象，"常回家看看" 不仅仅是歌里唱的，维护心理健康也应该从让家庭关系更和睦入手。此外，朋友也是我们很重要的情感交流对象。到了周末、节假日、纪念日，除了发短信、打电话问候友人，何不尝试用最 "原始" 的方式——约几个朋友到郊外呼吸新鲜空气，或者到咖啡厅坐一坐、聊一聊呢？很多人以工作太累为由，放假了就闭门不出，反而没有出去散散心得到的放松效果好。

最后，积极参与体育锻炼能大大释放心理压力，缓解疲劳。运动能改善中枢神经系统的功能，提高大脑皮层神经传导过程的兴奋性、均衡性和灵活性。

【68】关于渔夫，我们知道：

A 一直在努力打更多的鱼
B 无法通过打鱼养活自己
C 希望尽快攒够钱买新船
D 可以随时在海边晒太阳

【69】作者建议，与亲人、朋友交往应该：

A 面对面交流
B 打电话问候
C 通过短信联系
D 尽量少打扰对方

【70】根据本文，下列哪种办法更能释放心理压力？

A 参加体育锻炼
B 周末加班工作
C 放假在家休息
D 时常喝喝咖啡

【71】本文主要讲的是：

A 控制欲望的办法
B 缓解疲劳的途径
C 与朋友们交往的方式
D 维护心理健康的方法

2 • 2 • 2 • 2 • 2 • 2 • 2

72 ～ 75

王朋，一家大企业的老板，邀请我们一帮朋友聚会。

聚会很热闹地进行着，王朋说出了召集这次聚会的目的：最近，他要上一个新项目，请朋友们帮忙出主意。

大家纷纷表示赞成，说了一些夸奖的话。大家心里都明白：这么大一个项目，王朋早就拿定了主意，所谓让我们帮忙出主意，只是客气话而已。

没想到张阳当了真，他详细问明项目情况，接着连连摇头，说这个项目属于即将被淘汰的夕阳产业，没有什么前途。最关键的是，它是一个重污染的项目，如果开工建设，会对周围的环境造成很大威胁。最后，张阳语气坚定地说："这个项目上不得，否则，你会成为人们眼中的奸商，会被骂得很惨。"

王朋的脸色红一阵白一阵。餐桌上的气氛变得紧张起来。大家有点儿责怪张阳，朋友难得聚会一次，你吃好喝好就是了，说那么多干什么？再说，你讲得口干舌燥，人家未必听得进去，反而弄得关系紧张。

聚会结束后，王朋将我们送到楼下，握手告别。最后送别的是张阳，王朋拍拍他的肩膀："你的意见，我会认真考虑的，谢谢你的坦诚和忠告。"

后来，王朋的那个项目真的没做。王朋说，这些年，随着生意越做越大，身边的人，包括以前的朋友，都习惯了什么都听他的，很少有人敢于否定他的决定，对他的每一句话都是言听计从。王朋感慨，如今敢对自己说 "不" 的人越来越少，这是一个很危险的信号。

【72】王朋为什么召集聚会？

A 很久不见，想念大家了
B 希望跟大家一起做生意
C 让大家给他的项目出主意
D 告诉大家他的企业更大了

【73】对王朋提的问题，聚会的人持什么态度？

A 大家都赞成
B 大家都反对
C 只有一个人赞成
D 只有一个人反对

【74】张阳反对王朋做那个项目的主要理由是：

A 不环保
B 没发展
C 不挣钱
D 规模小

【75】关于王朋，下列说法正确的是：

A 并不喜欢听真话
B 朋友都不喜欢他
C 生意做得不太好
D 能采纳别人意见

3·3·3·3·3·3·3

三、书面表达

第一部分

（10 题，10 分钟）

一、76～80 题，在每道题的 A B C D 四个句子中，只有一个是错误的，请找出这个句子，并在答题卡上代表正确答案的字母上画一横道。

76. A 我胃口特别好，没有不喜欢吃的东西。
    B 这些医疗设备都是本院的医生研制出来的。
    C 这位年轻科学家身残志坚的事迹我们很受鼓舞。
    D 前天我坐出租车去首都剧场，差点儿被拉到首都机场。

77. A 那部电影大家都不爱看，在孩子们中间产生的影响很大。
    B 丽江古城位于云南省西北部，始建于宋末元初。
    C 她正在积极准备，为的是顺利地通过毕业考试。
    D 江苏省平原广阔，水利条件优越，是著名的“鱼米之乡”。

78. A 那天广场上人很多，我们好容易才挤进去。
    B 如果营养越来越好，现在的孩子普遍比过去高了。
    C 只有对自己的生活充满信心的人才能笑得这样开心。
    D 今年的天气特别反常，立春以后，天气反而更冷了。

79. A 无论是谁，都要认真对待自己的工作。
    B 她还没听完我的解释就跑进去屋里了。
    C 这两个国家去年 12 月就正式建立外交关系了。
    D 再好的机器，如果不经常维护，也会出现一些问题。

80. A 设立植树节的目的是推动全社会造林、爱林、护林。
    B 欢迎新同学的晚会马上就要开始了，请大家坐好。
    C 动物学家经过长期观察和记录，完成了这份关于动物睡眠姿态的报告。
    D 调查结果表示，中国不光是直接投资的接受国，也是一个投资国。

3·3·3·3·3·3·3

二、81～85 题，在下面这段文字中，有五处是用拼音代替汉字的，请根据上下文的意思认读拼音，然后在答题卡上找到相应的题号，并在横线上写出正确的汉字。

我上小学的时候，爸爸妈妈对我很 yánlì(81)，可能是怕我不努力学习吧，但这也 dǎozhì(82) 我和他们的关系很紧张。读初中以后，我迷上了小提琴，经常去学校琴房练习。14 岁生日那天，爸爸妈妈送我一把小提琴 zuòwéi(83) 生日礼物，我感动极了。从此，我开始在家里练琴了，优美的琴声给我们家 zēngtiān(84) 了 héxié(85) 的气氛。我明白爸爸妈妈是爱我的，我也深深地爱着他们。

请接下去进入作文考试

⇩

MHK（二级）

卷 Ⅱ

书 面 表 达

第 二 部 分

（作文，30 分钟）

作 文 要 求

1. 写作前认真阅读作文提示，按提示要求在规定的时间内写完。
2. 每个空格写一个字，书写要清楚工整；每个标点符号占一个空格，标点符号使用要规范。
3. 作文中不得出现跟考生有关的校名、地名和真人姓名。
4. 保持卷面整洁，不得涂划损坏答卷。

作文提示：

阅读下面的材料，按要求作文。

猴子坐在高高的树上，看到渔夫们在河里用渔网捕鱼，就观察他们的做法。不久，渔夫们去吃午饭，把渔网留在了原处。猴子立刻从树上跳下来，模仿渔夫的动作。可是猴子碰到渔网之后，很快就被渔网缠住跑不掉了。淹死前，猴子后悔地对自己说："事到如今，只能怪自己了，谁让我没学过捕鱼却偏要去做呢？"

请以"做事要有准备"为题，联系实际，写一篇读后感。全文不少于300字。

模拟试卷（七）

MHK（二级）

卷　I

注 意 事 项

一、MHK（二级）试卷分为卷 I 和卷 II 两部分：

1. 卷 I 为客观选择题，每题都有四个供选择的答案，要求在答题卡上画出代表正确答案的字母，每题只能画一横道，如**[A]　[B]　■　[D]**，多画作废。

   请考生注意，卷 I 使用阅读机阅卷，答案必须用铅笔画在答题卡上，不能写在试卷上。

   卷 I 包括三项内容，共 85 题：

   （1）听力理解（35 题，约 35 分钟）

   （2）阅读理解（40 题，40 分钟）

   （3）书面表达（10 题，10 分钟）

2. 卷 II 为书面表达主观题（作文），30 分钟。内容用黑色钢笔或签字笔写在答题卡的方格内。

   全部考试时间约 115 分钟。

二、注意看清题目的说明，严格按照说明的要求，在规定的时间内回答问题。

三、严格遵守考场规则，听从主监考的指挥。考试结束后，必须把试卷和答题卡放在桌子上，等监考人员收回、清点后，才能离场。

一、听力理解

（35 题，约 35 分钟）

第 一 部 分

扫一扫，🎧1 ~ 35

说明： 1 ~ 15 题，这部分试题，都是两个人的简短对话，第三个人根据对话提出一个问题，听到问题后，请你在四个备选答案中选出唯一恰当的答案。

例如： 第 8 题，你听到：

男：小兰，你刚才去邮局订杂志，怎么没把今天的晚报买回来？

女：晚报都卖完了。

第三个人问：小兰刚才干什么去了？

你在试卷上看到四个答案：

A 寄信　　B 订杂志　　C 卖报纸　　D 买邮票

根据对话，第 8 题最恰当的答案是 B，你应在答题卡上找到号码 8，在字母 B 上画一横道。横道一定要画得粗一些，重一些。

8 [A]　■　[C]　[D]

1. A 身高
   B 收获
   C 成绩
   D 运动

2. A 总是心情不好
   B 打扮得很漂亮
   C 不太喜欢打扮
   D 经常主持晚会

3. A 客厅
   B 厨房
   C 餐厅
   D 浴室

4. A 男的没什么病
   B 男的长期吃药
   C 男的吃的药太多
   D 男的不按时吃药

5. A 平静
   B 愤怒
   C 盼望
   D 冷淡

6. A 医生
   B 警察
   C 摄影师
   D 理发师

7. A 天冷不出门
B 下雨不出门
C 天天坚持散步
D 刮风时才出门

8. A 听报告
B 看电影
C 观看比赛
D 听音乐会

9. A 批评
B 支持
C 冷淡
D 怀疑

10. A 饭店
B 咖啡厅
C 同学家
D 老师家

11. A 师生
B 父女
C 邻居
D 同学

12. A 男的没有带钱
B 女的没买东西
C 女的要去超市
D 男的有些生气

13. A 做事马虎
B 在找借口
C 话说得多
D 情况特殊

14. A 忘记老师了
B 不欠老师的
C 不会讲英语了
D 几年没见面了

15. A 也认为价格贵
B 知道什么原因
C 没注意这一点
D 这个问题很难

第 二 部 分

说明：16 ～ 35 题，这部分试题中，你将听到几段对话或讲话。每段话之后，你将听到几个问题，听到问题后，请你在四个备选答案中选出唯一恰当的答案。

例如：第 25 ～ 27 题，你听到：

男：请问，有包子吗？

女：有。刚做好的，都是热的。

男：怎么卖？

女：五毛钱一个。您要几个？

男：给我来两个。

女：好的。收您十块钱，找您九块，请点一下。

男：谢谢。请问附近哪儿有卖报纸的？

女：前面路口向右拐有一家邮局，邮局里就有。

男：太好了，谢谢。

女：不客气。

第三个人根据这段对话提出三个问题：

25. 问：男的正在做什么？

你在试卷上看到四个答案：

A 问路　　B 取钱　　C 买东西　　D 吃包子

根据对话，第 25 题唯一恰当的答案是 C，你应该在答题卡上找到号码 25，在字母 C 上画一横道。横道一定要画得粗一些，重一些。

25 [A] [B] ▬ [D]

……

你又听到：

27. 男的打算去做什么？

你在试卷上看到四个答案：

A 买邮票　　B 打电话　　C 取包裹　　D 买报纸

根据对话，第 27 题唯一恰当的答案是 D，你应该在答题卡上找到号码 27，在字母 D 上画一横道。横道一定要画得粗一些，重一些。

27 [A] [B] [C] ▬

1 • 1 • 1 • 1 • 1 • 1 • 1

16. A 一定要好看
B 看得上就行
C 买能常穿的
D 喜欢且便宜

17. A 不去逛商场了
B 要约女的散步
C 逛商场可能没收获
D 要说服女的买衣服

18. A 饮食有差别
B 温度差异大
C 南方雨水多
D 风景不一样

19. A 旅游
B 工作
C 学习
D 看病

20. A 上课
B 找刘老师
C 跟男的吃饭
D 找男的聊天儿

21. A 半年
B 一年
C 一年半
D 不确定

22. A 很想家
B 不习惯
C 有收获
D 非常忙

23. A 非常自信
B 特别紧张
C 不敢开口
D 直接昏倒

24. A 失望
B 轻松
C 自信
D 恐惧

25. A 小事往往更重要
B 演讲能助人成功
C 如何养成好习惯
D 如何培养自信心

26. A 墙上
B 桌子上
C 黑板上
D 老师手上

27. A 避免洪水灾害发生
B 躲开前进中的障碍
C 减弱对河床的冲击
D 体现自然界的常态

28. A 讲解地理知识
B 活跃班级气氛
C 考验学生水平
D 引出人生道理

29. A 写字
B 朗读
C 诗歌
D 数学

1 • 1 • 1 • 1 • 1 • 1 • 1

30. A 爱用数字
B 喜欢表演
C 边画边讲解
D 编成故事讲

31. A 妈妈想继续看花
B 小孩儿还没数完
C 要让别人也欣赏
D 要留着花建花园

32. A 一整天
B 半天多
C 一天多
D 好几天

33. A 把那幅画儿倒过来看
B 画画儿时从下往上画
C 把两个人的名字换过来
D 把画和卖的时间倒过来

34. A 没有努力宣传
B 下的功夫不够
C 价钱定得太高
D 选的主题不好

35. A 付出与回报成正比
B 要多听老人的意见
C 年轻时要不断努力
D 卖东西要讲究技巧

2·2·2·2·2·2·2

二、阅读理解

第 一 部 分

（15 题，15 分钟）

说明：36～50 题，每一个句子中有一个或两个空，请你从所给的四个备选答案中挑选一个最适合填入空中的答案，并在答题卡上代表正确答案的字母上画一横道。

36. ____一名医生，就应该时时刻刻为病人着想。
A 成为
B 作为
C 充当
D 变为

37. 过春节时，人们见面总要说一些____的话。
A 慈祥
B 如意
C 吉祥
D 便利

38. 这个周末我到校外学习，____不能参加你们的聚会了。
A 恐怕
B 害怕
C 怎么
D 然而

39. 调皮的弟弟又____了，他踢球时打碎了王奶奶家的玻璃。
A 搏斗
B 干扰
C 闯祸
D 粗鲁

40. 一定要坚决____考试作弊的不正之风。
A 拒绝
B 杜绝
C 堵塞
D 戒备

41. 我们俩兴致勃勃地聊了半天，我才____天已经黑了。
A 觉悟
B 发觉
C 审查
D 启发

2·2·2·2·2·2·2

42. 经过平等协商，两国决定更加频繁地开展____活动。
A 买卖
B 贸易
C 营业
D 生意

43. 红军____敌人的道道封锁，取得了二万五千里长征的胜利。
A 冲锋
B 冲破
C 攻击
D 袭击

44. 我们的数学老师总是想尽办法来____我们的学习兴趣。
A 操纵
B 带领
C 指引
D 激发

45. 我一定要把语言学好，决不____老师的一片心意。
A 欺负
B 辜负
C 负担
D 亏待

46. ____明天不下雨，我们____去登山吧！
A 若　因而
B 凭　还是
C 倘若　就
D 无论　都

47. 时间____不能走得慢一些，也不为任何人____。
A 尽管　后退
B 由于　休息
C 不但　留念
D 不仅　停留

48. 老师让我们班同学____当班长，让大家都懂得爱护班集体的____。
A 旋转　名誉
B 轮流　荣誉
C 转弯　名次
D 代替　繁荣

49. 借别人的东西要及时____，如果想据为己有就太____了。
A 赔偿　过时
B 赠送　过瘾
C 欢送　过期
D 归还　过分

50. 老师____我，在学校里要有____精神，负起自己的责任来。
A 教导　主人翁
B 教授　现代化
C 教练　世界观
D 管教　合理性

2·2·2·2·2·2·2

第二部分

（25 题，25 分钟）

说明：51 ～ 75 题，每段文字后都有若干个问题，每个问题都有 A B C D 四个备选答案，请你阅读后根据每题的要求选出最恰当的答案，并在答题卡上代表正确答案的字母上画一横道。

51 ～ 53

她是公共汽车售票员。她那微微上翘的嘴唇和脸上的两个小酒窝，使人感到格外亲切，觉得她始终是微笑的。

“幸福路到了，下车的乘客请注意安全。”8 路公共汽车里响起了她那甜美的声音。一位老大爷问：“姑娘，我要去西公园，快到了吧？”“您要去西公园？哎呀，您坐错车了，我们这是去客运站的车。”“那怎么办呢？”老大爷焦急不安地望着她。她微笑着说：“老大爷，不用急。您就在这一站下车，过马路坐往相反方向开的 8 路车，可以直接到西公园。”

她始终是微笑的！不论上班、下班、说话、走路，她总是带着那亲切、真诚的微笑，那使人在严冬感到温暖、在酷暑感到清凉的微笑。

【51】老大爷遇到了什么问题？

A 坐反方向了

B 找不到西公园

C 忘记要去哪儿了

D 参加活动要迟到了

【52】售票员是怎么帮助老大爷的？

A 微笑着安慰他

B 马上给他退票

C 告诉他该怎么走

D 让司机马上停车

【53】本文主要讲的是：

A 微笑能给人力量

B 坐车要看清方向

C 老人应该怎么坐车

D 售票员服务态度好

2·2·2·2·2·2·2

54 ～ 56

我国著名的马克思主义经济学家、《资本论》最早的中文翻译者王亚南，1933 年乘船去欧洲，客轮行至红海，突然巨浪滔天，船摇晃得使人无法站稳。这时，戴着眼镜的王亚南，手里拿着一本书走进餐厅，恳求服务员说：“请你把我绑在这根柱子上吧！”服务员以为他是怕自己被浪头甩到海里去，就按照他的话，将他牢牢地绑在柱子上。绑好后，王亚南翻开书，聚精会神地读起来。船上的外国人看见了，无不向他投来惊异的目光，连声赞叹：“啊！中国人，真了不起！”

【54】关于王亚南，下列说法正确的是：

A 是著名的翻译家

B 回国时遇到风浪

C 正在看《资本论》

D 研究领域是经济

【55】王亚南要求服务员把自己绑在柱子上，是为了：

A 好好儿读书

B 感觉更舒服

C 能够继续吃饭

D 不被甩到海里

【56】本文主要讲的是王亚南：

A 乘船的经历

B 极热爱读书

C 为中国增光

D 取得的成就

2 • 2 • 2 • 2 • 2 • 2 • 2

57 ～ 59

一位老师和她班上的学生们玩儿一个游戏。她请每个学生从家里带来一个布袋，把土豆装在里面，在每个土豆上都写上自己讨厌的人的名字。讨厌的人越多，布袋里装的土豆也就越多。

第二天，每个学生都带来了一些土豆，有的是两个，有的是 3 个，最多的是 5 个。老师说："无论到什么地方都要带上这袋土豆，即使是上洗手间。"

日子一天天过去，学生们开始抱怨：发霉的土豆散发出难闻的气味。另外，那些装了 5 个土豆的学生也不愿再随身带着沉重的袋子。两周后游戏结束，学生们终于解放了。

老师问学生们："在这两周里，你们随身带着土豆有什么感觉？"学生们纷纷沮丧地表示，带着土豆袋子不方便行动，还有，土豆发霉后的气味很难闻。

这时，老师告诉他们这个游戏的意义。她说："这就和你心里怨恨自己讨厌的人一样。怨恨的毒气会侵害你的心灵，而你无论到什么地方都要带着它。如果你连发霉土豆的气味都无法忍受两个星期，你又怎么能让怨恨的毒气跟随你一生呢？"

所以，不要一生都背负着怨恨的包袱，原谅别人的过错更可取。

【57】根据本文，在这个游戏中：

A 老师也要随身带土豆

B 上厕所时不用带土豆

C 每个学生都加入游戏

D 游戏持续了一个星期

【58】在游戏过程中，学生们感到：

A 满足

B 失望

C 有意思

D 很麻烦

【59】根据本文，这个游戏的目的是让学生们：

A 放下怨恨

B 学会忍耐

C 学会坚持

D 变得坚强

2 • 2 • 2 • 2 • 2 • 2 • 2

60 ～ 63

3 个工人在建筑工地上砌墙。有人问他们在做什么。第一个工人不高兴地说："没看到吗？我在砌墙。"第二个工人认真地回答："我在建大楼。"第三个工人快乐地回应："我在建一座美丽的城市。"10 年以后，第一个工人还在砌墙，第二个工人成了建筑工地的管理者，第三个工人则成了这个城市的领导者。

思想有多远，我们就能走多远。在同一条起跑线上，态度决定一切。你手头的小工作其实正是大事业的开始，如果能意识到这一点，也许你就能做成一份大事业。

如果都像第一个人，愁苦地面对自己的工作，我想再好的工作也不会有什么成绩。而同样平凡的工作，一样的看似简单重复、枯燥乏味，有人却能以快乐的心情面对，在平凡中感知不平凡，在简单中构筑自己的梦想，这样的人，又有什么样的困难不能克服呢？

成功的人总是目光远大，有理想，有自己的奋斗目标，不会只看到眼前的困境而碌碌无为。

【60】10 年前，第三个工人认为自己在做什么？

A 建造城市

B 管理工地

C 修建大楼

D 努力砌墙

【61】10 年后 3 个工人的结局不一样，是因为：

A 技术水平不同

B 能力大小不同

C 做事的态度不同

D 面对的问题不同

【62】根据本文，第一个工人对待工作是：

A 认真的

B 努力的

C 消极的

D 气愤的

【63】根据本文，成功的人应具备什么特点？

A 有丰富的知识

B 有过硬的技术

C 有不怕苦的精神

D 有很远大的目标

2·2·2·2·2·2·2

64～67

那天是校运动会的第一天。我们几个女生站在沙坑旁，临近比赛时，运动员们陆续到场，我旁边的女生突然捅捅我，低声说："快看那个高个子男生！"我一看，他居然穿了两只颜色不同的袜子，一只红色的袜子和一只白色的袜子极为可笑地拢在他细长的小腿上，又滑稽又笨拙。我们禁不住捂嘴笑起来。也许是因为紧张，他没明白我们发笑的原因。

比赛的结果是那个男生夺得冠军。那快速移动的两只袜子在他腾空跃起时，在空中画出了两条优美的弧线，落到了沙坑最远的地方。一时间，那两只不同颜色的袜子仿佛成了胜利的旗帜、成功者最具个性的标志，显得极为生动而独特。我们的嘲笑还挂在脸上，就被一种惊讶的赞叹所修改。离开田径场时，我都没弄懂自己的眼光怎样在瞬间就发生了质的变化。

后来，我常常想起那两只成功者的袜子。

【64】那个男生为什么引起了两个女生的注意？

A 个子太高

B 小腿细长

C 表情很紧张

D 袜子不同色

【65】根据本文，那个男生参加的项目最可能是：

A 跨栏

B 跳远

C 短跑

D 投沙包

【66】两个女生的态度变化，是因为那个男生：

A 做事时认真

B 取得了成功

C 动作很优美

D 长得很帅气

【67】本文主要想告诉我们：

A 不应该嘲笑别人

B 人的外表很重要

C 要重视内在精神

D 做事不用太紧张

2·2·2·2·2·2·2

68～71

用有效的方法消除疲劳，可以预防疾病，利于健康。下面就介绍几个缓解疲劳的小技巧。

放声大笑能带动身体 80 多块肌肉活动，并促使人体释放产生快感和止痛信息的激素，可以在一定程度上消除疲倦感。把小臂浸入冷水中，左右手臂交替，然后自然晾干，这样做能使人很快精神起来，起到缓解疲劳的作用。将两手手指交叉在一起互相摩擦，直到手心发热，手部的毛细血管就会得到刺激，血流加快，从而使疲倦感减轻，人得以精神集中地投入工作。

此外，在饮食方面也有一些有效方法可以采取。姜的辣味能使身体从内部生热，无论是制成蜜饯的姜还是生姜，都有解毒、提神和减轻疲倦的作用，做菜时可以适量放一些生姜。经常感到疲倦的人，血液内往往缺少铁元素，应该多食用牛肉、羊肉等红肉，它们最能补铁。牛奶中富含的乳清蛋白能够补充蛋白质的损耗，促进血红蛋白的合成，人感到疲倦时喝一杯牛奶，能使精神振奋，减轻疲劳的程度。

【68】大笑能消除疲劳，是因为大笑：

A 能带动肌肉活动

B 能释放运动激素

C 让人忘记很多事

D 让人精神更集中

【69】根据本文，下列说法正确的是：

A 生姜有消除疲劳的作用

B 温水洗手臂能消除疲劳

C 拍打双手能够促进血液循环

D 常感到疲倦的人血液中缺钙

【70】根据本文，富含铁的食物是：

A 生姜

B 牛奶

C 牛肉

D 蜜糖

【71】第三段主要讲的是：

A 食物应该怎样搭配

B 怎样吃饭促进健康

C 如何靠食物减轻疲劳

D 日常饮食应注意什么

2·2·2·2·2·2·2

72～75

念小学时，我一看书写字就能听到妈妈的唠叨："别躺着看书，当心近视。""眼睛不要靠书太近，要近视的。"当然，对妈妈的忠告，任性惯了的我是不以为然的。

等戴上了近视眼镜，我才后悔没听妈妈的话。不过我也没当一回事，反而觉得戴眼镜显得挺有学问的。妈妈却四处寻医问药，还强迫我这个"大型食肉动物"（72）每天吃下一大堆蔬菜。可妈妈的努力却无法阻止我的近视越来越严重。

我长大了，上大学、参加工作、谈恋爱……这才意识到近视的诸多不便。所以，能不戴眼镜我就尽量不戴，不惜做个"睁眼瞎"。没想到却惹来了麻烦，人家都说我太孤傲，连见了领导也爱理不理的……

那时，我的工作需要长时间使用电脑。一年下来，我视力更差了，平时眼睛不是干得受不了，就是迎风流泪停不住。妈妈很担忧，她开始每天为我准备一壶"茶"，摆在电脑桌上，还叮嘱我一定得喝完。我问妈妈那是什么茶，妈妈笑而不答。

等我要远嫁江西了，才知道那"茶"的配方。妈妈对她的女婿说："小静不喜欢吃蔬菜，可像胡萝卜、绿叶菜什么的，你掺点儿肉在里头，她就不会觉得难吃了。还有，每天记得让她用枸杞子、珍珠粉和小菊花泡水当茶喝，这些都对眼睛有好处……"妈妈的话还没说完，我就如"哭嫁"一般哭开了。

我为自己对爱的"近视"而哭。这么多年，我仿佛一直没看清妈妈对我的爱。哭着哭着，一股清凉仿佛从心底腾起。我恍然大悟，这茶里还有一味妈妈没说出来的配方，那就是"母爱"。

【72】文中画线部分"大型食肉动物"的意思是：

A"我"特别爱吃肉

B"我"喜欢大动物

C"我"长得特别胖

D"我"从不吃蔬菜

2·2·2·2·2·2·2

【73】"我"工作后不戴眼镜是因为：

A 不想跟别人打招呼

B 觉得戴眼镜不方便

C 发现眼镜跟学问没关系

D 戴着眼镜用电脑不方便

【74】妈妈的"茶"里包括什么？

A 胡萝卜

B 绿叶菜

C 小菊花

D 玉米粉

【75】听了妈妈的话，"我"为什么哭了？

A 觉得茶水真的很好喝

B 强烈感受到妈妈的爱

C 意识到要离开妈妈了

D 觉得妈妈对女婿更好

3·3·3·3·3·3·3

三、书面表达

第一部分

（10题，10分钟）

一、76～80题，在每道题的ABCD四个句子中，只有一个是错误的，请找出这个句子，并在答题卡上代表正确答案的字母上画一横道。

76. A 这种朴素的风格主要是由这部电影的主题决定的。
B 他学什么东西都一样，开始以后不总是坚持下去。
C 历史上多数农民战争最后都会建立一种政权。
D 李玲的歌声在整个年级里都是数一数二的。

77. A 新技术的应用，节约了大量的人力。
B 普通话是在北方方言的基础上形成。
C 书院是中国古代一种重要的教育组织。
D 大家一致认为，今年的会开得最好，最成功。

78. A 北京至雄安新区将修建一条高速公路。
B 不是每个人都愿意看到这样的结果。
C 今晚回去以后，你考虑了考虑小王的建议，明天给个答复。
D 事情发生得太突然，我一点儿思想准备都没有。

79. A 围棋从产生的那天起就深受人们的欢迎。
B 立秋了，但我有时候睡觉觉得热，还是开着电扇。
C 他父亲是中国有名的画家，他继承了父亲的事业。
D 体弱多病的人、脑力劳动者、中小学生应当注意午睡。

80. A 他设计的这些陶瓷制品，件件都称得上是艺术品。
B 现在的工作比以前不忙，所以有时间搞创作。
C 这个地方是我国北方有名的避暑胜地之一。
D 这座城市对垃圾的处理和回收已有较完善的措施。

3·3·3·3·3·3·3

二、81～85题，在下面这段文字中，有五处是用拼音代替汉字的，请根据上下文的意思认读拼音，然后在答题卡上找到相应的题号，并在横线上写出正确的汉字。

刚到滑雪队时，他暗暗 fāshì（81），要做全队最 qínfèn（82）的那一个，争取在比赛时拿第一。但不久，他发现自己的成绩提高得很慢。于是，他 chángshì（83）改变训练方法。经过不断琢磨，他终于总结出了一种新的训练方法。正是由于 yùnyòng（84）这种新方法进行训练，他才夺得了上 jiè（85）奥运会的冠军。

请接下去进入作文考试

MHK（二级）

卷 Ⅱ

书 面 表 达

第 二 部 分

（作文，30 分钟）

作 文 要 求

1. 写作前认真阅读作文提示，按提示要求在规定的时间内写完。
2. 每个空格写一个字，书写要清楚工整；每个标点符号占一个空格，标点符号使用要规范。
3. 作文中不得出现跟考生有关的校名、地名和真人姓名。
4. 保持卷面整洁，不得涂划损坏答卷。

作文提示：

你很想参加学校足球队，可爸爸妈妈不让你参加，担心影响你的学习。请你给爸爸妈妈写一封信，说说自己的心里话。全文不少于 300 字。

模拟试卷（八）

MHK（二级）

卷 I

注 意 事 项

一、MHK（二级）试卷分为卷Ⅰ和卷Ⅱ两部分：

1. 卷Ⅰ为客观选择题，每题都有四个供选择的答案，要求在答题卡上画出代表正确答案的字母，每题只能画一横道，如**[A] [B] ■ [D]**，多画作废。

   请考生注意，卷Ⅰ使用阅读机阅卷，答案必须用铅笔画在答题卡上，不能写在试卷上。

   卷Ⅰ包括三项内容，共 85 题：

   （1）听力理解（35 题，约 35 分钟）

   （2）阅读理解（40 题，40 分钟）

   （3）书面表达（10 题，10 分钟）

2. 卷Ⅱ为书面表达主观题（作文），30 分钟。内容用黑色钢笔或签字笔写在答题卡的方格内。

   全部考试时间约 115 分钟。

二、注意看清题目的说明，严格按照说明的要求，在规定的时间内回答问题。

三、严格遵守考场规则，听从主监考的指挥。考试结束后，必须把试卷和答题卡放在桌子上，等监考人员收回、清点后，才能离场。

一、听力理解

（35 题，约 35 分钟）

第 一 部 分

扫一扫，🎧 1 ～ 35

说明： 1 ～ 15 题，这部分试题，都是两个人的简短对话，第三个人根据对话提出一个问题，听到问题后，请你在四个备选答案中选出唯一恰当的答案。

例如： 第 8 题，你听到：

男：小兰，你刚才去邮局订杂志，怎么没把今天的晚报买回来？

女：晚报都卖完了。

第三个人问：小兰刚才干什么去了？

你在试卷上看到四个答案：

A 寄信　　B 订杂志　　C 卖报纸　　D 买邮票

根据对话，第 8 题最恰当的答案是 B，你应在答题卡上找到号码 8，在字母 B 上画一横道。横道一定要画得粗一些，重一些。

8 [A] ■ [C] [D]

1. A 母子
   B 父女
   C 兄妹
   D 师生

2. A 数学
   B 物理
   C 英语
   D 语文

3. A 让男的去老师家
   B 不打算辅导男的
   C 认为男的学习不好
   D 相信男的能够考好

4. A 男的睡眠不错
   B 女的心情很好
   C 女的不会化妆
   D 男的卖化妆品

5. A 担心
   B 怀疑
   C 思念
   D 盼望

6. A 只能去食堂
   B 去哪儿都行
   C 不想吃午饭
   D 不知去哪儿

1 • 1 • 1 • 1 • 1 • 1 • 1

7. A 录节目
B 写作业
C 看电视
D 做家务

8. A 刀
B 蛋糕
C 盘子
D 蜡烛

9. A 赞扬
B 不满
C 后悔
D 原谅

10. A 春季
B 夏季
C 秋季
D 冬季

11. A 女的很辛苦
B 男的特别操心
C 说话人经常迟到
D 老师不喜欢说话人

12. A 他害怕女的生病
B 他明天不去医院
C 女的没有事情做
D 女的不用太担心

13. A 医生
B 教师
C 学生
D 工人

14. A 饭店
B 水果店
C 女的家里
D 男的家里

15. A 做饭
B 买菜
C 出去跑步
D 收拾冰箱

1 • 1 • 1 • 1 • 1 • 1 • 1

第 二 部 分

说明： 16 ～ 35 题，这部分试题中，你将听到几段对话或讲话。每段话之后，你将听到几个问题，听到问题后，请你在四个备选答案中选出唯一恰当的答案。

例如： 第 25 ～ 27 题，你听到：

男：请问，有包子吗？
女：有。刚做好的，都是热的。
男：怎么卖？
女：五毛钱一个。您要几个？
男：给我来两个。
女：好的。收您十块钱，找您九块，请点一下。
男：谢谢。请问附近哪儿有卖报纸的？
女：前面路口向右拐有一家邮局，邮局里就有。
男：太好了，谢谢。
女：不客气。

第三个人根据这段对话提出三个问题：
25. 问：男的正在做什么？
你在试卷上看到四个答案：
A 问路　B 取钱　C 买东西　D 吃包子
根据对话，第 25 题唯一恰当的答案是 C，你应该在答题卡上找到号码 25，在字母 C 上画一横道。横道一定要画得粗一些，重一些。
25 [A] [B] ■ [D]
……
你又听到：
27. 男的打算去做什么？
你在试卷上看到四个答案：
A 买邮票　B 打电话　C 取包裹　D 买报纸
根据对话，第 27 题唯一恰当的答案是 D，你应该在答题卡上找到号码 27，在字母 D 上画一横道。横道一定要画得粗一些，重一些。
27 [A] [B] [C] ■

1 • 1 • 1 • 1 • 1 • 1 • 1

16. A 要去游泳
B 想写论文
C 准备去买菜
D 着急吃东西

17. A 烧茄子
B 辣椒炒肉
C 土豆炖牛肉
D 西红柿炒鸡蛋

18. A 饭店
B 商场
C 公园
D 书店

19. A 一中午
B 一上午
C 一下午
D 一整天

20. A 葡萄
B 苹果
C 哈密瓜
D 无花果

21. A 果园风景很美
B 水果非常有名
C 葡萄干特别好吃
D 水果品种多且美味

22. A 生活在新疆
B 没去过新疆
C 曾去过新疆一次
D 还没从新疆回来

23. A 坐火车前脱掉的
B 赶火车时跑掉的
C 挤火车时踩掉的
D 上火车时碰掉的

24. A 剩下一只也没用了
B 留给捡到鞋的穷人
C 丢了一只感到很生气
D 觉得穿一只鞋不好看

25. A 犹豫不决
B 急躁易怒
C 热情大方
D 关爱他人

26. A 批评他
B 教育他
C 表扬他
D 鼓励他

27. A 男生遵守时间
B 男生有正义感
C 男生懂得尊重别人
D 男生知道自己错了

28. A 害怕
B 高兴
C 感动
D 委屈

29. A 不善于交流的人
B 整天不高兴的人
C 孤独地生活的人
D 不讨人喜欢的人

1 • 1 • 1 • 1 • 1 • 1 • 1

30. A 多开窗通风
B 找朋友交流
C 吃新鲜的食物
D 只说高兴的事

31. A 一半的快乐
B 同样的快乐
C 双倍的快乐
D 减少的快乐

32. A 很珍贵
B 挖得动
C 小心保存
D 不用管它

33. A 曾尝试搬走它
B 一心要保护它
C 小时候想搬走它
D 年老时忘记了它

34. A 偶尔才会去菜园
B 经常被石头绊倒
C 没挖起那块石头
D 对王丰收很不满

35. A 遇事要有自己的判断
B 要有挑战困难的勇气
C 长辈的话往往不可信
D 不要被表面现象欺骗

2·2·2·2·2·2·2

二、阅读理解

第一部分

（15 题，15 分钟）

说明：36～50 题，每一个句子中有一个或两个空，请你从所给的四个备选答案中挑选一个最适合填入空中的答案，并在答题卡上代表正确答案的字母上画一横道。

36. 虽然这次作文大赛我没得奖，但我____对自己的写作能力充满信心。
A 仍旧
B 照常
C 似乎
D 至今

37. 校长写了《关于我校发展的____问题》的报告，准备在会议上请全体教师讨论。
A 有数
B 若干
C 多半
D 大多

38. 太阳已经落山了，黑暗渐渐____了大地。
A 压住
B 埋葬
C 笼罩
D 掩盖

39. ____起小时候和伙伴们打打闹闹的事，雷浩不禁笑出声来。
A 联想
B 幻想
C 猜想
D 回想

40. 母亲的声声____，让我从沉沉的睡梦中醒过来。
A 招呼
B 称呼
C 呼唤
D 欢呼

41. “为中华之崛起而读书！”周恩来____地回答。
A 轰动
B 热闹
C 光亮
D 响亮

2·2·2·2·2·2·2

42. 小庄对自己在考场上作弊的行为非常后悔，已经做出了深刻的____。
A 思考
B 讨论
C 检查
D 检讨

43. 小萍生病请假了，这次班级活动____有 58 人参加。
A 如同
B 共同
C 总共
D 总算

44. 老师安排咱俩____会场，咱们几点过去?
A 布告
B 布置
C 装置
D 包装

45. 如果我们平时认真学习，考试之前就____这么着急了。
A 不曾
B 不能
C 毫不
D 不必

46. ____是谁，只要跟她打过交道的，____会夸她热情周到。
A 如果　就
B 既然　就
C 不论　才
D 无论　都

47. ____你们个个都想去，那我也没有什么____。
A 要是　意思
B 因为　看法
C 既然　意见
D 除非　想法

48. 你____每天上学来回跑呢？____搬到学校来住算了。
A 干吗　于是
B 何必　干脆
C 必须　赶快
D 怎么　快快

49. 筷子是我国古老文明的____。人们从 3000 多年前就开始____筷子了。
A 表达　启用
B 表现　运用
C 历史　应用
D 象征　使用

2·2·2·2·2·2·2

50. ____今天碰见你同学了，我跟她____，可她没理我。

A 恰好　说说话

B 恰当　聊天儿

C 恰巧　打招呼

D 凑巧　聊一聊

2·2·2·2·2·2·2

第 二 部 分

（25 题，25 分钟）

说明：51 ～ 75 题，每段文字后都有若干个问题，每个问题都有 A B C D 四个备选答案，请你阅读后根据每题的要求选出最恰当的答案，并在答题卡上代表正确答案的字母上画一横道。

51 ～ 53

有个聪明的年轻人，很想在一切方面都比身边的人强，尤其想成为一名大学问家。可是，许多年过去了，他在其他方面表现还不错，学业却没有什么长进。他很苦恼，就去向一位老师求教。

老师说："我们登山吧，到了山顶你就知道该怎么做了。"

上山的路上有许多晶莹的小石头，很吸引人。年轻人一说自己喜欢哪块石头，老师就让他把那块石头装进袋子里背着。很快，年轻人就背不动了，他说："老师，如果再背着这些石头，别说走到山顶了，恐怕我连一步也走不动了。""是呀，那该怎么办呢？""该放下。"老师笑了："那为何不放下呢？背着石头怎么登山呢？"年轻人一愣，然后心中一下子亮堂起来，便愉快地向老师道谢。

从此，年轻人一心做学问，进步特别快。

【51】让年轻人感到苦恼的是：

A 身边的人很强

B 学问没有进步

C 想法太多难选择

D 目标太大难实现

【52】老师让年轻人和他一起：

A 登上山顶

B 挑选石头

C 放下背包

D 清理道路

【53】老师想让年轻人明白的道理是：

A 要学会放弃

B 做人要谦虚

C 做事要努力

D 要学会总结

2 • 2 • 2 • 2 • 2 • 2 • 2

54 ～ 56

每次看中央电视台的《开心辞典》，我都很欣赏那些已经拿到了很高积分而选择继续答题的选手，敬佩他们的勇气。有一个选手，让我明白了更多的道理，我对他们不再是单纯的敬佩，而是有了更深的体会。

当时，那位选手只剩下最后一关的 3 道题。当主持人问他是否继续答题时，他稍微犹豫了一下，然后选择了继续答题。其实，选手们到了这一步一般会选择放弃，因为谁都知道，题一道比一道难，答错的话前面的努力就白费了。结果，这位选手答错了。主持人问他对自己刚才的选择是否后悔，他一脸轻松地说："当然不后悔。因为继续答题是一个机会，如果错过了这个机会，我才会真正地后悔。题可以答错，但绝不能错过机会！"

这句话让我长久地感动和思索。是的，机会总是稍纵即逝，可以错，但不可以错过。没有成功你不会后悔，而错过成功的机会你一定会后悔。

【54】根据本文，《开心辞典》最可能是什么类型的节目？

A 知识竞赛

B 生活服务

C 文艺表演

D 人物访谈

【55】根据本文，那位选手选择答最后 3 道题时，最可能在想：

A 答对了能获大奖

B 答错了也没关系

C 我一定能全部答对

D 我要跟别人不一样

【56】这位选手让"我"明白：

A 知识越多越好

B 做事不能后悔

C 要勇敢面对挑战

D 要珍惜每次机会

2 • 2 • 2 • 2 • 2 • 2 • 2

57 ～ 59

从前，有一个木匠特别会做门。他给自己家做了一扇木门。他认为这扇门用料实在，做工精良，一定会经久耐用。

过了一段时间，门上的钉子生锈了，掉下一块木板来，木匠拿一颗新钉子把木板钉好，门又完好如初。不久，又掉了一颗钉子，木匠就再钉上一颗钉子。后来，有一块木板坏了，木匠就找一块新木板换上。再后来，门闩坏了，木匠又换了一个门闩……

就这样过了很多年，木匠家的这扇门虽然坏过几次，但经过木匠的精心修理，仍然可以使用。木匠对此特别自豪：多亏我有这门手艺，不然门坏了都没法修。

有一天，邻居却对他说："你是木匠，你看看你家这门！你再看看我家的门！"木匠仔细一看，才发觉邻居家的门一扇扇样式很新、质量很好，而自己家的门看起来很旧，还满是补丁。木匠明白了：是自己的这门手艺阻碍了自家门的更新和发展。

【57】多年前，木匠给自己家做的木门：

A 不太好看

B 质量很好

C 满是补丁

D 样式很新

【58】多年后，木匠家的木门：

A 没人修理

B 换了新的

C 从没坏过

D 还能使用

【59】本文主要讲的是：

A 木匠因手艺忽略了发展

B 木匠的手艺让邻居佩服

C 耐用的门让木匠很自豪

D 手艺改变了木匠的观念

2·2·2·2·2·2·2

60 ～ 63

在一个电视节目中，主持人问一位著名企业家："如果你的人生可以重来，你有什么遗憾需要弥补？"企业家只是淡淡地说："我的人生一切都刚刚好。"

我一下子就被这句话感动了。

如果生命可以重来，大多数人会选择避开挫折，选择一条更加平坦的成功之路。据我所知，这位企业家在创业阶段也遭遇过很多挫折，40 岁以后事业才有起色。而他只是淡淡地说："一切都刚刚好。"这个"一切"包括成功，当然也包括所有的挫折和痛苦。这位企业家知道，那些痛苦和挫折是生命必须经历的，尤其是一个创业的人必须经历的。创业的人即使经历了挫折，也未必能成功，所以他是幸运的。

有人说，没有经历过挫折的人生是不完整的，没有经历过痛苦的人生是不深刻的。当然，这不是美化痛苦，而是接纳过去的不完美，正是因为有这些缺憾，我们才懂得珍惜生命中的那些美好。

我遇到过很多人，他们总是抱怨生活中的种种不如意。其实，让人不愉快的并非发生的事，而是你对这件事的看法。同样的事情，换一个角度就有不同的解读。那些遭遇的痛苦，我们可以看作成功的铺垫。

【60】根据本文，假如生命可以重来，这位企业家：

A 不需要修补遗憾

B 会选择避开挫折

C 想让自己更幸运

D 希望 40 岁前成功

【61】企业家说"一切都刚刚好"的意思是：

A 自己的人生非常顺利

B 自己的事业非常成功

C 挫折、痛苦和成功都需要

D 经历挫折后成功是必然的

【62】作者认为，让人不愉快的是：

A 某件事本身

B 别人的态度

C 不同角度的解读

D 自己的消极看法

【63】作者对待挫折的态度是：

A 面对挫折保持冷静

B 想办法把挫折变美

C 挫折是成功的条件

D 珍惜生命中的挫折

2·2·2·2·2·2·2

64 ～ 67

不良情绪得不到化解，就会被强化，时间越长越严重。如果传染给家人或同事，就容易造成争吵与矛盾。对于不良情绪，心理学家找到了不吃药的疗法。当你出现不良情绪时，可以试一试。

疗法一：增加运动的机会。缺乏运动的人情绪的不稳定性远比经常运动的人高。经常运动，思维的敏捷性也会相对提高，很容易意识到自己出了什么问题。人在运动时，会把令人烦恼的东西丢在一边，转移了注意力，也就丢掉了不良情绪。

疗法二：改善环境。颜色是精神的营养物。比如：暂时避开红色，对摆脱烦躁和愤怒情绪有帮助；在与灰心和失望斗争时，应该尽量不穿黑色或深蓝色等让人情绪低落的衣服，多接触使人精神轻松的温暖、明快和活跃的色彩；要想减轻焦急和紧张感，宜用具有抚慰和平静作用的中性颜色。

疗法三：积极思维。积极思维能使人从悲观中看到前途，化冷漠为热情，变焦虑为镇静。

【64】根据本文，不良情绪造成的后果是：

A 引起病毒传染

B 必须服用药物

C 与人发生争吵

D 强化社会矛盾

【65】经常运动好处多，文中提到的是：

A 身体更灵活

B 不容易生病

C 协调性更好

D 转移注意力

【66】根据本文，颜色和人的关系是：

A 颜色能调节人的情绪

B 选对颜色让人更漂亮

C 不同人适合不同的颜色

D 颜色能让人感受到冷暖

【67】最适合做本文标题的一项是：

A 运动赶走坏情绪

B 心理学家的忠告

C 心理问题的三种疗法

D 不吃药消除不良情绪

2·2·2·2·2·2·2

68～71

立夏，是指夏季开始。

因为各地冷暖不同，入夏时间实际上并不一致。按气候学上以连续5天平均气温高于22℃为夏季的标准，立夏前后，四川盆地南部刚跨进夏季，盆地其余的地区气温为20℃左右，还处于晚春时节。

立夏以后，正是四川盆地大面积种植水稻的需水关键期，大雨来临的早晚和雨量的多少，与农业生产关系密切。此时如果不下较大的雨，那些无水灌溉的农田就无法栽秧。据气候资料统计，多年平均大雨开始期，盆地东部在4月中下旬，中部在5月中下旬，西部在5月下旬。5月的雨量，盆地东南部为100至200毫米，西北部为75至100毫米。盆地西部、中部因大雨开始较晚，雨量偏少，往往出现夏旱。这段时间，正是盆地收获小春作物、播栽大春作物的时候，特别要注意多变天气的影响。晴天要及时抢收，雨天应抓紧栽秧，若是连阴雨则须当心小春收获物生芽、霉烂。还要搞好抗旱保苗，警惕20℃以下的低温对早稻的危害。

【68】从气候学的角度讲，进入夏季的标准是：

A 根据各地情况而定

B 从立夏这个节气开始

C 5天平均气温超过22℃

D 连续5天气温高于22℃

【69】为什么立夏以后四川盆地需要大雨？

A 有利于缓解春旱

B 有利于水稻种植

C 有利于农作物的收获

D 有利于气温迅速回升

【70】5月份，四川盆地雨量最大的地区是：

A 中部

B 西部

C 东南部

D 西北部

【71】根据本文，立夏以后的晴天，四川盆地的农民最可能在：

A 遮盖收获物

B 播栽大春作物

C 抢收小春作物

D 看粮食是否长芽

2·2·2·2·2·2·2

72～75

女儿上高中后，对我日渐疏远，除了需要我在家庭作业上签字时会喊我一声“爸”外，其余时间都对我不理不睬。我很迷惑：我没有做过对不起她的事，更没有打骂过她，她为什么对我如此冷淡呢？我问女儿的好朋友——我的妻子，妻子也大惑不解。后来，经过多次讨论，妻子认为，是我天天顾着工作，女儿感受不到我对她的爱。

我马上采取了一系列补救措施：带她去深圳游玩，给她买她一直想要的手机，陪她去吃川菜……经过两个月的努力，女儿对我的态度有了一点儿改变。吃饭时，她会喊“爸，吃饭了”；见我下班回来，她也会喊一声“妈，爸回来了”。但是，除了这几句话，她始终不和我说别的。

一天，妻子告诉我，女儿的学校要开家长会，她没时间，让我参加。第二天，我带着女儿早早来到学校。女儿的班主任见到我，一边和我握手一边说：“您是小晴的父亲？她的作文获奖了，我们想请您过来给家长们谈谈如何教孩子写作文。”我愣住了。

看着台下的师生和家长，我一时语塞，想起对女儿的疏忽、误解，不由得愧疚万分。“我没有教过女儿写作文，自从她上初中后，更没有查看过她的任何作业。”听到我的开场白，台下像炸开了锅，顿时议论纷纷。“我平时只顾着工作，没有时间关爱女儿，只会按照自己的意愿来要求她，甚至怀疑她不好好儿学习，在学校里惹事，完全忽视了女儿的感受。我不是一个好父亲，我错了。女儿，我为你骄傲！”话刚说完，台下就响起了热烈的掌声。坐在最后一排的女儿站起来，一边鼓掌，一边用手背擦着泪水……

【72】女儿和“我”疏远的原因，最可能是：

A 女儿学习太忙了

B 女儿跟妈妈更好

C 女儿嫌我关心少

D 女儿对我没感情

2 · 2 · 2 · 2 · 2 · 2 · 2

【73】“我”没想到的和女儿拉近关系的方式是：

A 请吃饭

B 买礼物

C 一起游玩

D 一起学习

【74】“我”在家长会上主要讲的是：

A 希望女儿努力学习

B 自己不够关爱女儿

C 怎样关心孩子生活

D 如何指导女儿写作

【75】关于女儿，下列说法正确的是：

A 写作能力较强

B 平时比较骄傲

C 在校惹是生非

D 学习成绩较差

3 · 3 · 3 · 3 · 3 · 3 · 3

三、书面表达

第 一 部 分

（10 题，10 分钟）

一、76 ～ 80 题，在每道题的 A B C D 四个句子中，只有一个是错误的，请找出这个句子，并在答题卡上代表正确答案的字母上画一横道。

76. A 坚持下去，中国足球的希望就在你们身上。

B 据说，有相当数量的恐龙是食草，而不是食肉。

C 王老师今天要出院，我们给她买了一束鲜花。

D 创新是一个痛苦的过程，也是一个快乐的过程。

77. A 这一带的城墙据说有 15 米宽，7 米多高。

B 目前世界上设立植树节的国家约有四五十个。

C 医学界提出，有 50% 以上的疾病，不用药物也可以治好。

D 许多人爱喝速溶咖啡，大概他们的生活节奏快有关。

78. A 希望两国加强交流，增长在各个领域的合作。

B 与其在这儿等，不如自己亲自去一趟。

C 生活方便了，交通又不便起来，这可真是个矛盾。

D 这一届乒乓球赛，看来他们班又要拿冠军了。

79. A 都说老实人吃亏，现在看来这种说法可以改改了。

B 吸烟不但影响家人的健康，也损害自己的健康。

C 本书深入浅出地介绍了旅游和旅行社会学的基本内容。

D 要真正了解一个国家，就必须了解这个国家的文化。

80. A 今年天气不正常，夏天不下雨，冬天老倒下雪。

B 这种病非常危险，必须采取措施，防止传染。

C 每当开考前，考场门口总是聚着不少“陪考者”。

D 西安是我国最古老的城市之一，历史上曾有 13 个王朝在此建都。

3·3·3·3·3·3·3

二、81～85题，在下面这段文字中，有五处是用拼音代替汉字的，请根据上下文的意思认读拼音，然后在答题卡上找到相应的题号，并在横线上写出正确的汉字。

中华人民共和国成立 chūqī（81），中央人民广播电台虽然受到技术设备陈旧、编播力量 bóruò（82）等条件的 xiànzhì（83），但并没有停下发展的脚步。中央人民广播电台 lùxù（84）开办了《全国各地人民广播电台联播节目》《首都报纸摘要》等节目，极大地丰富了群众的文化 yúlè（85）生活。

请接下去进入作文考试

MHK（二级）

卷　Ⅱ

书 面 表 达

第 二 部 分

（作文，30分钟）

作 文 要 求

1. 写作前认真阅读作文提示，按提示要求在规定的时间内写完。
2. 每个空格写一个字，书写要清楚工整；每个标点符号占一个空格，标点符号使用要规范。
3. 作文中不得出现跟考生有关的校名、地名和真人姓名。
4. 保持卷面整洁，不得涂划损坏答卷。

作文提示：

阅读下面的材料，按要求作文。

一艘轮船沉没了，唯一的幸存者漂流到一个无人的小岛上，两天过去了，也不见有船只的影子。没办法，他只好在岛上搭了一个简易窝棚安身。可是当他从树林里兜着一大堆果子回来时，却发现他的窝棚起火了，浓烟滚滚，他的心血全被大火吞没了。他禁不住仰天长叹，失望地坐在海滩上。过了一会儿，海面上一艘轮船的轮廓越来越清晰。他得救了，因为船上的人看见岛上升起的浓烟，把它当成了求救信号。

请以“坏事与好事”为题，联系实际，写一篇读后感。全文不少于300字。

模拟试卷（九）

MHK（二级）

卷 I

注 意 事 项

一、MHK（二级）试卷分为卷Ⅰ和卷Ⅱ两部分：

1. 卷Ⅰ为客观选择题，每题都有四个供选择的答案，要求在答题卡上画出代表正确答案的字母，每题只能画一横道，如[A] [B] ■ [D]，多画作废。

   请考生注意，卷Ⅰ使用阅读机阅卷，答案必须用铅笔画在答题卡上，不能写在试卷上。

   卷Ⅰ包括三项内容，共 85 题：

   （1）听力理解（35 题，约 35 分钟）

   （2）阅读理解（40 题，40 分钟）

   （3）书面表达（10 题，10 分钟）

2. 卷Ⅱ为书面表达主观题（作文），30 分钟。内容用黑色钢笔或签字笔写在答题卡的方格内。

   全部考试时间约 115 分钟。

二、注意看清题目的说明，严格按照说明的要求，在规定的时间内回答问题。

三、严格遵守考场规则，听从主监考的指挥。考试结束后，必须把试卷和答题卡放在桌子上，等监考人员收回、清点后，才能离场。

一、听力理解

（35 题，约 35 分钟）

第 一 部 分

扫一扫，🎧1～35

说明：1～15 题，这部分试题，都是两个人的简短对话，第三个人根据对话提出一个问题，听到问题后，请你在四个备选答案中选出唯一恰当的答案。

例如：第 8 题，你听到：

男：小兰，你刚才去邮局订杂志，怎么没把今天的晚报买回来？

女：晚报都卖完了。

第三个人问：小兰刚才干什么去了？

你在试卷上看到四个答案：

A 寄信　　B 订杂志　　C 卖报纸　　D 买邮票

根据对话，第 8 题最恰当的答案是 B，你应在答题卡上找到号码 8，在字母 B 上画一横道。横道一定要画得粗一些，重一些。

8 [A] ■ [C] [D]

1. A 飞机上
   B 火车上
   C 出租车上
   D 公共汽车上

2. A 厨师
   B 护士
   C 售货员
   D 服务员

3. A 女的正准备约稿
   B 男的刚刚开始写
   C 男的看了好几遍
   D 男的就快写完了

4. A 男的很喜欢看电视
   B 女的看了一年电视
   C 男的觉得节目很吸引人
   D 女的过去不经常看电视

5. A 先搬家再买
   B 犹豫买不买
   C 没必要买车
   D 有车更方便

6. A 常吃不饱
   B 不觉得饿
   C 身体不舒服
   D 最近在减肥

7. A 生气
B 羡慕
C 兴奋
D 失望

8. A 女的穿得太薄了
B 女的太冷生病了
C 家里需要开暖气
D 男的不如女的瘦

9. A 同事
B 母子
C 父女
D 师生

10. A 红色
B 绿色
C 黄色
D 蓝色

11. A 现在去旅游最便宜
B 现在是旅游的季节
C 女的现在已经老了
D 女的现在就没事做

12. A 放学后直接回家
B 换一家书店买书
C 想找环境更好的
D 不想去学校上学

13. A 英语好
B 爱好多
C 没毅力
D 有成绩

14. A 不太支持
B 十分赞成
C 坚决反对
D 怎么都行

15. A 他不会游泳
B 自己去游泳
C 让女的教自己
D 夸自己游得好

第 二 部 分

说明：16 ～ 35 题，这部分试题中，你将听到几段对话或讲话。每段话之后，你将听到几个问题，听到问题后，请你在四个备选答案中选出唯一恰当的答案。

例如：第 25 ～ 27 题，你听到：

男：请问，有包子吗？
女：有。刚做好的，都是热的。
男：怎么卖？
女：五毛钱一个。您要几个？
男：给我来两个。
女：好的。收您十块钱，找您九块，请点一下。
男：谢谢。请问附近哪儿有卖报纸的？
女：前面路口向右拐有一家邮局，邮局里就有。
男：太好了，谢谢。
女：不客气。

第三个人根据这段对话提出三个问题：

25. 问：男的正在做什么？

你在试卷上看到四个答案：

A 问路　B 取钱　C 买东西　D 吃包子

根据对话，第 25 题唯一恰当的答案是 C，你应该在答题卡上找到号码 25，在字母 C 上画一横道。横道一定要画得粗一些，重一些。

25 [A] [B] ▬ [D]

……

你又听到：

27. 男的打算去做什么？

你在试卷上看到四个答案：

A 买邮票　B 打电话　C 取包裹　D 买报纸

根据对话，第 27 题唯一恰当的答案是 D，你应该在答题卡上找到号码 27，在字母 D 上画一横道。横道一定要画得粗一些，重一些。

27 [A] [B] [C] ▬

16. A 羊肉
B 饺子
C 大葱
D 胡萝卜

17. A 工作非常忙
B 很理解女的
C 不喜欢吃饺子
D 每天买菜做饭

18. A 买书
B 上课
C 打电话
D 看望老师

19. A 马上见面
B 报名考试
C 认真看书
D 报辅导班

20. A 男的和女的
B 男的和周丽
C 女的和周丽
D 三个人一起

21. A 今晚要参加演出
B 今晚不去图书馆
C 是男的的班主任
D 是一名班级干部

22. A 6 点整
B 7 点整
C 6 点 15 分
D 6 点 45 分

23. A 前面的
B 靠窗户的
C 靠过道的
D 三个一排的

24. A 想看蓝天白云
B 不喜欢靠过道
C 想和朋友们坐一起
D 怕说话人自己孤单

25. A 她从不拒绝别人
B 换了座位更方便
C 跟小姑娘是朋友
D 小姑娘很有礼貌

26. A 写在纸上
B 贴在墙上
C 要说出来
D 在电脑里

27. A 少吃零食
B 少看电视
C 早睡早起
D 爱护眼睛

28. A 我们家人的毛病多
B 我们家的规矩很多
C 家规限制了人们的自由
D 家规帮家人养成好习惯

29. A 比较高大
B 空间很小
C 没有家具
D 是博物馆

30. A 进行街头表演
B 自己制作玩具
C 给家人讲故事
D 观察不同的人

31. A 穷人们的帮助
B 对坏人的批评
C 小时候的生活
D 父母亲的职业

32. A 孝敬父母
B 尊敬老人
C 爱护幼儿
D 保护他人

33. A 要做出一百件善事
B 让父母吃饱、穿暖
C 改变社会不良风俗
D 尊老爱幼都要做到

34. A 填饱自己的肚子
B 满足父母的愿望
C 到亲戚家去看看
D 尝尝米饭的滋味

35. A 要孝敬父母
B 要不畏艰险
C 要善于想办法
D 做事要有勇气

2 • 2 • 2 • 2 • 2 • 2 • 2

二、阅读理解

第 一 部 分

（15 题，15 分钟）

说明：36 ～ 50 题，每一个句子中有一个或两个空，请你从所给的四个备选答案中挑选一个最适合填入空中的答案，并在答题卡上代表正确答案的字母上画一横道。

36. 绝不能让不健康的文化____青少年的心灵。
A 打败
B 腐败
C 腐蚀
D 腐朽

37. 百灵鸟的歌声悦耳____，我们深深地陶醉了。
A 好听
B 动听
C 打听
D 爱听

38. 她好几天没来上学，____是家里有什么事吧。
A 可巧
B 简直
C 好歹
D 恐怕

39. 做事情认真是你的____，你不用因为干得慢而伤心。
A 长短
B 长处
C 特长
D 长途

40. 老师们刚开始改卷子，期末考试成绩出来____得到下周了。
A 起码
B 如何
C 始终
D 何必

41. 请你把这些数字按照从大到小的顺序____。
A 排列
B 排练
C 排队
D 安排

2 • 2 • 2 • 2 • 2 • 2 • 2

42. 平时我哪天都带着练习册，____今天忘带了。
A 往往
B 时时
C 稍稍
D 偏偏

43. 妈妈年轻时没能拿到大学____，她觉得非常遗憾。
A 文盲
B 文化
C 文件
D 文凭

44. 能在半年内提高 50 分，你的进步简直____想象！
A 无奈
B 无论
C 无法
D 无穷

45. 要想写好作文，必须进行____的观察。
A 一致
B 精致
C 细致
D 大致

46. 眼镜____已经摔坏了，____再买一副新的吧。
A 只有　才
B 虽然　但
C 既然　就
D 即使　也

47. ____你的插图不放进这本书里，否则一定要跟全书的整体____一致。
A 除非　风格
B 除了　风俗
C 不是　人格
D 要不　资格

48. 这座桥历史非常____，我们要好好儿____。
A 悠久　保护
B 久远　保管
C 长远　保守
D 持久　保障

49. 人不管遇到多大的____，都不应该对生活____信心。
A 失望　扔掉
B 痛苦　去掉
C 挫折　失掉
D 贫困　丢掉

50. 这块地____得很，只要你细心管理，小麦产量一定能____提高。
A 丰富　走一步
B 富裕　一口气
C 富饶　退一步
D 肥沃　进一步

2 • 2 • 2 • 2 • 2 • 2 • 2

第 二 部 分

（25 题，25 分钟）

说明：51 ～ 75 题，每段文字后都有若干个问题，每个问题都有 A B C D 四个备选答案，请你阅读后根据每题的要求选出最恰当的答案，并在答题卡上代表正确答案的字母上画一横道。

51 ～ 53

从前，某个地方有一个传统：年轻人在过了 18 岁生日以后，要一个人出门旅行一次，以便认识世界，体验人生，学会独自生存的本领。这是人生的第一次冒险。

多年以后，每个成年人都会以一种自豪的心情向自己的爱人、孩子讲述第一次独自旅行的故事：花了如何少的钱，走了如何多的路；受到了什么人的帮助，受了什么人的欺骗。这是可以一生一世讲述的故事，也是可以在家族里世代相传的故事。如果一个孩子出门没几天就往回走，这将成为他和他父母终身的耻辱。

【51】根据本文，某个地方的人过了 18 岁生日以后，要：

A 独自旅行

B 学习传统

C 会讲故事

D 认识朋友

【52】根据本文，让那里的成年人感到自豪的是：

A 花钱特别少

B 被家人崇拜

C 曾一个人冒险

D 帮助过很多人

【53】根据本文，让人感到耻辱的是：

A 被人欺骗

B 想念家人

C 出门时间短

D 不愿早回家

2 • 2 • 2 • 2 • 2 • 2 • 2

54 ～ 56

有人给两位画家出了道题：各画一张以“安静”为主题的画儿。

第一位画家画了一个湖，湖面十分平静，好似一面镜子，还画了远山和一些长在湖边的树木，让它们倒映在水中。

第二位画家画了奔流直下的瀑布，瀑布旁边有一棵树，树上有一个鸟巢，鸟巢里有一只小鸟，小鸟正在沉沉地睡着。

大家都说第二位画家画得高明，因为他真正理解了安静的含义；而第一位画家所画的湖面，虽然静，却是一池死水。

人生也是这样。在闹市中也能保持安静的内心，才是人生的大境界。

【54】第一位画家画了：

A 一个湖

B 一面镜子

C 一棵大树

D 一个人的倒影

【55】从第二位画家的画儿中，我们可以看到：

A 瀑布在奔流

B 小鸟在飞翔

C 树叶随风摆动

D 有人睡得香甜

【56】本文主要告诉我们：

A 人要在闹市中寻找安静

B 内心安静才是真的安静

C 心安的人事业容易成功

D 要时刻保持积极的心态

2 • 2 • 2 • 2 • 2 • 2 • 2

57 ～ 59

老师问学生："水是很有力量的东西，比如洪水可以冲倒房屋。但是，你们知道什么状态下的水才是最有力的吗？"

学生们纷纷发言，有的说是海浪，有的说是暴雨，有的说是冰雹。

听了学生们的回答，老师摇摇头。然后，他取出一只水杯，装满水，对学生们说："静止时的水才是最有力的。"

看着学生们惊奇的表情，老师说："我们可以改变物质的分子结构，制造更加坚硬的物质，让它抵抗洪水、海浪、暴雨、冰雹的冲击。但是，我们无法改变这杯水的平静：把这杯水洒在土里，它会渗入土地成为地下水；把它加热，它会蒸发到空中成为云朵。最终，它还是这些水，不增不减。我们抓不住它也打不碎它，拿它没有办法。所以我说，静止的水才是最有力量的。"

学生们恍然大悟："我们应当向静止的水学习，而不是向洪水学习，因为，我们最应关注的是自身力量的提升，而不是去对抗别的事物。"

【57】老师的问题与什么有关？

A 力量

B 硬度

C 结构

D 重量

【58】本文主要讲的是：

A 水的力量很大

B 水的用处很多

C 水是神秘的物质

D 静止的水最有力

【59】最后，学生们知道应该：

A 对抗别人

B 改变事物

C 提升自己

D 保持平静

2 • 2 • 2 • 2 • 2 • 2 • 2

60 ～ 63

徐文长从小就善于动脑筋思考，他的聪明机智很得伯父的喜欢，伯父时常想些法子逗他玩儿。

有一次，伯父领着徐文长来到一座贴近河面、桥身既窄又软的竹桥边，给两只桶装满了水，对徐文长说："我想考考你，你要是能提着这两桶水过桥，并且双脚不沾水，我就送你一件礼物。"

徐文长想了一下，给每只桶系上绳子，再把桶放到河里，河水的浮力抵消了桶内水的重量。就这样，他提着两根绳子走过了竹桥，鞋底还是干干的。

伯父还想用一个更难的法子把徐文长难倒。他说："既然你过了桥，礼物我当然要给你，但你必须按我的要求去取礼物。"说着，他就把礼物挂到一根长长的竹竿顶上，对徐文长说："你不能站在凳子上，也不能把竹竿横过来。"伯父想，这下徐文长肯定没办法了。

徐文长摸了摸后脑勺，马上就想出了拿到礼物的方法。只见他拿着竹竿走到一口井边，把竹竿往井里放，当竹竿的顶端快到井口时，他就顺利地拿到了那件礼物。

伯父惊呆了，不禁拍手称赞："真是聪明的徐文长啊！"

【60】伯父"逗"徐文长的目的是：

A 让自己过得更加开心

B 培养和徐文长的感情

C 考徐文长的思考能力

D 增加家庭生活的乐趣

【61】伯父把给徐文长的礼物放到了：

A 桥上

B 井边

C 水桶里

D 竹竿顶上

【62】徐文长是怎样拿到礼物的？

A 放平竹竿

B 站在凳子上

C 把竹竿放到河里

D 把竹竿放到井里

【63】根据本文，我们知道徐文长：

A 善于动脑筋

B 做事很认真

C 人小力气大

D 学习成绩好

2·2·2·2·2·2·2

64～67

有一匹马，它每天的任务是驮着货物，跟随主人到各地去卖东西。这匹马非常不满意自己的生活，总是抱怨个不停，不是怨天气太热，就是怪东西太重，它觉得自己工作很辛苦，非常委屈。

有一天，这匹马驮着一大包糖，跟着主人到城里去卖。一路上，它依旧抱怨个不停。当它经过一座小桥时，由于没掌握好重心，一下子掉进河里去了。主人赶紧把它拉上桥来。上来后，这匹马觉得背上轻了很多，它非常高兴。

过了几天，这匹马又驮着货物经过这座小桥，因为上次落水尝到了甜头，所以它就故意摔下河去。它想：我马上又要轻松了。谁知道，这次背上的重量不但没有像上次一样减轻，反而加重了许多。被拉上桥后，这匹马越想越不对劲，就问主人为什么。

主人拍拍它的头，笑着说："上次你驮的是糖，糖碰到水会溶化，所以越来越轻；你今天驮的是棉花，棉花碰到水，不但不会溶化，反而会吸水，所以你会觉得越来越重啊。"

自作聪明的马，不好意思地低下了头。

【64】根据第一段，这匹马认为：

A 主人很小气

B 生活挺幸福

C 自己很委屈

D 卖东西很累

【65】这匹马第一次从河里上来后，感觉：

A 很害怕

B 很开心

C 很迷惑

D 很惭愧

【66】马第二次过桥为什么要故意摔下河去？

A 太渴了想喝水

B 太脏了要洗澡

C 想减轻身上的负担

D 想知道轻松的原因

【67】马两次落水，上来后的感觉不一样，是因为：

A 心情不一样

B 棉花比糖轻

C 背的东西不同

D 河水深浅不同

2·2·2·2·2·2·2

68～71

女儿没考上大学，被安排在本村的小学教书。由于讲不清数学题，不到一周就被学生轰下台。母亲为她擦了擦眼泪，安慰说："满肚子的东西，有人倒得出来，有人倒不出来，没必要为这个伤心，也许有更适合你的事情。"后来，女儿随本村的伙伴外出打工。不幸的是，她又被老板轰了回来，原因是做衣服时手脚太慢，品质也过不了关。母亲说："手脚总是有快有慢，别人已经干了很多年了，你一直在念书，怎么快得了？"

女儿又当过市场管理员，做过会计，但无一例外，都半途而废。然而每次女儿失望而归时，母亲都安慰她，从不抱怨。

30岁时，女儿凭着一点儿语言天赋，做了聋哑学校的辅导员。后来，她开办了一家残障学校。再后来，她在许多城市开办了残障人士用品连锁店，成了一个拥有几千万资产的老板。

有一天她问母亲，前些年她连连失败，自己都觉得前途渺茫，是什么让母亲对她那么有信心呢？母亲的回答朴素而简单，她说："一块地，不适合种麦子，可以试试种豆子；豆子也长不好的话，可以种瓜果；瓜果也不济的话，撒上些荞麦种子一定能开花。一块地，总有一粒种子适合它，也终会有属于它的一片收成。"

听完母亲的话，女儿落泪了。

【68】女儿没当成小学老师，是因为：

A 没有知识

B 不会讲课

C 考上了大学

D 不喜欢学生

【69】女儿第三次被轰回来时，母亲：

A 感到很失望

B 依然安慰她

C 抱怨她不努力

D 很为女儿发愁

【70】女儿的成功始于：

A 开办残障学校

B 当市场管理员

C 在各地建立连锁店

D 当聋哑学校辅导员

【71】母亲关于"一块地"的说法，表达的意思是：

A 选种子务必讲究技巧

B 机会只给有准备的人

C 有努力就一定有收获

D 总有一种工作适合你

2・2・2・2・2・2・2

72 ～ 75

母亲不会做菜，什么菜都是放在锅里一炒、一炖，撒点儿盐，熟了盛出来就可以吃了。所以，母亲做的菜不是没味道，而是只有一种味道。

可母亲腌的咸菜好吃，是村里出了名的。母亲有几口大小不一的灰色瓦缸瓦罐，常年摆放在朝阳的屋檐下。母亲总是把新鲜的白萝卜、菜头、长豆角、黄瓜等洗净，轻轻放进她那几口瓦缸瓦罐里，撒上盐，封上口，耐心地等三五天或者十天半个月，就可以吃了。同样是腌咸菜，村里人都说母亲腌的咸菜爽脆鲜甜，好吃。

那年我到城里读书。学校里的菜不好吃，夏天顿顿吃南瓜和豆角，冬天顿顿吃土豆和白菜。每个周末回家，母亲除了帮我收拾好一大包玉米面煎饼，还会准备几个装满各式咸菜的玻璃瓶。可别小看这几瓶咸菜，它们是我一周的美味。其中最好吃的当属咸菜炒鸡蛋。母亲先把大瓦缸里爽脆的咸菜捞出来，洗净切成细条；然后，她去村里称二两牛肉；回到家后，她用铁锅炒牛肉，炒到锅里冒烟的时候把咸菜条倒进去继续翻炒，咸菜差不多焦黄的时候，打两个鸡蛋进去，起锅的时候再放点儿葱花和香菜，香得不得了！要是冬天，你可以看见白色的油挂在玻璃瓶的内壁上，像蛋糕店里的奶油一样香滑馋人。回到学校，我的一瓶咸菜打开，几下就被同学们抢光了。最后吃到的同学，稀罕地掰一小块馒头，塞进玻璃瓶里转一转，干净得都不用洗瓶子。

世上最好的爱莫过于母爱，世上最好的厨师是母亲！

【72】根据第一段，母亲做的菜：

A 没味道

B 不好吃

C 做不熟

D 太咸了

【73】母亲腌的菜，本文提到的有：

A 黄瓜

B 南瓜

C 土豆

D 白菜

【74】“我”在城里读书时，母亲给“我”带什么好吃的？

A 奶油蛋糕

B 玉米糊糊

C 咸菜炒鸡蛋

D 葱花和香菜

【75】根据本文，下列说法正确的是：

A 母亲是个专业的厨师

B “我”更喜欢吃学校的菜

C 母亲陪“我”到城里读书

D 同学们爱吃母亲做的咸菜

3・3・3・3・3・3・3

三、书面表达

第 一 部 分

（10 题，10 分钟）

一、76 ～ 80 题，在每道题的 A B C D 四个句子中，只有一个是错误的，请找出这个句子，并在答题卡上代表正确答案的字母上画一横道。

76. A 我觉得这部电影的女主角演得不怎么样。

B 为了保护眼睛，请同学们不要躺着看书。

C 那天他给你们介绍没介绍西北地区的情况？

D 我们学校下星期一举行过一次学术报告会。

77. A 学校大门口停着的那辆红车是谁的？

B 事关全局，大家不能不表明自己的态度。

C 那个国家的驻华大使馆再过 3 天就正式办公了。

D 自从爸爸出差后，我朝三暮四都在想他。

78. A 因纽特人居住的地区气候寒冷，长冬无夏。

B 我们刚坐下聊天儿了一会儿，他家就来了几位客人。

C 彩虹，是人们经常见到的一种自然现象，并不奇怪。

D 环境恶化带来的危机远比战争给人类带来的危害更严重。

79. A 这台录音机与其扔掉，不如送给需要的人。

B 专项健身锻炼是指在专业人员的指导下，进行专门的训练。

C 这座城市经过多年的绿化，已经变了一座干净、整洁的城市。

D 到桂林旅游过的人，都会被那里美丽的景色吸引的。

80. A 空调经过科学保养能延长使用寿命，第二年能更好地工作。

B《热带雨林印象》以介绍风景名胜和生物多样性为主。

C 中国古代的针灸止痛法，已经被很多国家的医学专家接受了。

D 全社会都要关心少年儿童的成长，因此他们是父母的希望、祖国的未来。

3·3·3·3·3·3·3

二、81～85 题，在下面这段文字中，有五处是用拼音代替汉字的，请根据上下文的意思认读拼音，然后在答题卡上找到相应的题号，并在横线上写出正确的汉字。

我和他 sìhū（81）没有什么共同点，可不知为什么我们却是好朋友，也许是他那双灵巧的手吸引了我。他善于制作各种东西，每件作品都是那样 měiguān（82），有时真让我 jídù（83）。我和他 qiàhǎo（84）相反，学习之余唯一感兴趣的就是欣赏 gǔdiǎn（85）音乐。

请接下去进入作文考试

⇩

MHK（二级）

卷 Ⅱ

书面表达

第二部分

（作文，30 分钟）

作文要求

1. 写作前认真阅读作文提示，按提示要求在规定的时间内写完。
2. 每个空格写一个字，书写要清楚工整；每个标点符号占一个空格，标点符号使用要规范。
3. 作文中不得出现跟考生有关的校名、地名和真人姓名。
4. 保持卷面整洁，不得涂划损坏答卷。

作文提示：

几年的学习生活中，其他同学的言行一定影响过你。请你按照下面的提纲，以“同学教会我________”为题，先把题目补充完整，再写一篇作文。全文不少于 300 字。

提纲：

第一段，曾有一位同学让我学到了一种重要的品质，我很感谢他（她）；

第二段，通过生动具体的事例，表现这位同学的优秀品质和对我的影响；

第三段，写自己学到的东西和感想。

模拟试卷（十）

MHK（二级）

卷 I

注 意 事 项

一、MHK（二级）试卷分为卷Ⅰ和卷Ⅱ两部分：

1. 卷Ⅰ为客观选择题，每题都有四个供选择的答案，要求在答题卡上画出代表正确答案的字母，每题只能画一横道，如[A] [B] ■ [D]，多画作废。

   请考生注意，卷Ⅰ使用阅读机阅卷，答案必须用铅笔画在答题卡上，不能写在试卷上。

   卷Ⅰ包括三项内容，共 85 题：

   （1）听力理解（35 题，约 35 分钟）

   （2）阅读理解（40 题，40 分钟）

   （3）书面表达（10 题，10 分钟）

2. 卷Ⅱ为书面表达主观题（作文），30 分钟。内容用黑色钢笔或签字笔写在答题卡的方格内。

   全部考试时间约 115 分钟。

二、注意看清题目的说明，严格按照说明的要求，在规定的时间内回答问题。

三、严格遵守考场规则，听从主监考的指挥。考试结束后，必须把试卷和答题卡放在桌子上，等监考人员收回、清点后，才能离场。

1 • 1 • 1 • 1 • 1 • 1 • 1

一、听力理解

（35 题，约 35 分钟）

第 一 部 分

扫一扫，🎧 1 ～ 35

说明：1 ～ 15 题，这部分试题，都是两个人的简短对话，第三个人根据对话提出一个问题，听到问题后，请你在四个备选答案中选出唯一恰当的答案。

例如：第 8 题，你听到：

男：小兰，你刚才去邮局订杂志，怎么没把今天的晚报买回来？

女：晚报都卖完了。

第三个人问：小兰刚才干什么去了？

你在试卷上看到四个答案：

A 寄信　　B 订杂志　　C 卖报纸　　D 买邮票

根据对话，第 8 题最恰当的答案是 B，你应在答题卡上找到号码 8，在字母 B 上画一横道。横道一定要画得粗一些，重一些。

8 [A] ■ [C] [D]

1. A 空气好
   B 鸟类较少
   C 人特别多
   D 树一直很多

2. A 最喜欢旅游
   B 不愿住楼房
   C 生活在北京
   D 在云南工作

3. A 喝牛奶
   B 吃钙片
   C 锻炼身体
   D 补习功课

4. A 非常高兴
   B 嘴合不上
   C 昨天到家了
   D 中秋节过来

5. A 特别新
   B 最好看
   C 很结实
   D 声音好

6. A 并没有约好
   B 他没有忘记
   C 女的已忘了
   D 很担心女的

7. A 他们俩都回家了
   B 校园环境非常好
   C 学校现在放假了
   D 学校里面人不少

8. A 营业很久了
   B 男的还没去
   C 东西不够全
   D 离图书馆远

9. A 吃药
   B 睡觉
   C 看书
   D 看电视

10. A 后悔
    B 高兴
    C 惊喜
    D 生气

11. A 男的
    B 女的
    C 姥姥
    D 爸爸

12. A 不要跟别人说
    B 买一本还同学
    C 跟同学说实话
    D 不要在乎这事

13. A 夫妻
    B 邻居
    C 老乡
    D 同事

14. A 家里
    B 教室
    C 图书馆
    D 办公室

15. A 批评
    B 赞扬
    C 安慰
    D 反对

第 二 部 分

说明：16 ～ 35 题，这部分试题中，你将听到几段对话或讲话。每段话之后，你将听到几个问题，听到问题后，请你在四个备选答案中选出唯一恰当的答案。

例如：第 25 ～ 27 题，你听到：

男：请问，有包子吗？
女：有。刚做好的，都是热的。
男：怎么卖？
女：五毛钱一个。您要几个？
男：给我来两个。
女：好的。收您十块钱，找您九块，请点一下。
男：谢谢。请问附近哪儿有卖报纸的？
女：前面路口向右拐有一家邮局，邮局里就有。
男：太好了，谢谢。
女：不客气。

第三个人根据这段对话提出三个问题：

25. 问：男的正在做什么？

你在试卷上看到四个答案：

A 问路　　B 取钱　　C 买东西　　D 吃包子

根据对话，第 25 题唯一恰当的答案是 C，你应该在答题卡上找到号码 25，在字母 C 上画一横道。横道一定要画得粗一些，重一些。

25 [A] [B] ■ [D]

……

你又听到：

27. 男的打算去做什么？

你在试卷上看到四个答案：

A 买邮票　　B 打电话　　C 取包裹　　D 买报纸

根据对话，第 27 题唯一恰当的答案是 D，你应该在答题卡上找到号码 27，在字母 D 上画一横道。横道一定要画得粗一些，重一些。

27 [A] [B] [C] ■

16. A 很少遇到困难
B 她很愿意吃亏
C 总是主动帮助别人
D 遇到困难自己解决

17. A 女的
B 男的
C 妈妈
D 同桌

18. A 想出国旅游
B 想培养毅力
C 英语基础比较差
D 学校没开英语课

19. A 担心
B 高兴
C 欣赏
D 怀疑

20. A 管理者
B 大学生
C 勤劳的工人
D 高级技术工人

21. A 好好儿干活儿
B 提高自身水平
C 多去凑凑热闹
D 花钱省着点儿

22. A 学校
B 年龄
C 技术
D 性别

23. A 家里
B 学校
C 饭店
D 路上

24. A 以为妈妈想吃
B 馒头特别好吃
C 想让妈妈看看
D 妈妈让这么做

25. A 特别洁白干净
B 学校做得好吃
C 孩子们都喜欢吃
D 代表了儿子的爱

26. A 讲得很慢
B 不用看书
C 完全背诵
D 坐着讲课

27. A 边读边画出重点
B 收藏图书慢慢读
C 撕下一页反复读
D 在书上写出感受

28. A 在家里放很多书
B 随时能找到图书
C 把内容记在心里
D 完整地保留外形

29. A 是世界名牌
B 车内特别干净
C 地板是玻璃的
D 座位上有羊毛垫

30. A 装卸工
B 修理工
C 清洁工
D 销售员

31. A 随便扔垃圾
B 在车上打扫
C 保持车内清洁
D 在车里画画儿

32. A 做事慢条斯理
B 累了就去游泳
C 喜欢在风中走路
D 干活儿非常努力

33. A 母亲
B 父亲
C 奶奶
D 四兄弟

34. A 商店买的
B 自己种的
C 山上采的
D 别人给的

35. A 消失的时间
B 愉快的童年
C 生活的艰苦
D 饥饿的感觉

2 • 2 • 2 • 2 • 2 • 2 • 2

二、阅读理解

第 一 部 分

（15 题，15 分钟）

说明：36～50 题，每一个句子中有一个或两个空，请你从所给的四个备选答案中挑选一个最适合填入空中的答案，并在答题卡上代表正确答案的字母上画一横道。

36. 在学习生活中，我们要有____的学习兴趣，并养成良好的学习习惯。
 A 沉重
 B 浓厚
 C 重大
 D 扎实

37. 晚风____吹来，吹散了老师一天的疲劳。
 A 慢慢
 B 缓缓
 C 徐徐
 D 远远

38. 要想提高自己，首先要对自己的强项和弱项都做到心中____。
 A 有数
 B 有限
 C 算数
 D 控制

39. 真诚地____别人，就能赢得别人的尊重和支持。
 A 接待
 B 维护
 C 亏待
 D 对待

40. 毫无疑问，在网络迅速发展的今天，我们正在____它带来的便利。
 A 连接
 B 享受
 C 操纵
 D 接触

41. 明年春节，这部备受关注的国产影片____上映。
 A 陆续
 B 接连
 C 即将
 D 再三

2 • 2 • 2 • 2 • 2 • 2 • 2

42. 孔子是我国古代著名的教育家，他的思想____仍有重大的现实意义。
 A 眼看
 B 整整
 C 至今
 D 反而

43. 在这种____的土壤条件下，水稻是无法生长的。
 A 枯燥
 B 干燥
 C 不足
 D 急躁

44. 五连的战士们团结一致，阻止了敌人的____进攻。
 A 疯狂
 B 残酷
 C 残忍
 D 凶恶

45. 她们亲密得____像亲姐妹一样。
 A 大致
 B 必定
 C 简直
 D 向来

46. 我____一晚上不睡觉，____要写完这篇文章。
 A 虽然　却
 B 无论　都
 C 宁可　也
 D 尽管　还

47. 母爱是天性，古今中外，____社会怎么变化，母爱都是____的。
 A 于是　始终
 B 不管　永恒
 C 从而　永远
 D 倘若　不变

48. 诗是一种____的运用语言的方法，____有了人类历史，就有了诗。
 A 特别　从来
 B 特殊　自从
 C 单独　自古
 D 普遍　以来

49. 颜料的____很多，从化学____来看，可分为无机颜料和有机颜料两大类。
 A 类型　分子
 B 种类　成分
 C 部门　组成
 D 品种　成员

2 • 2 • 2 • 2 • 2 • 2 • 2

50. 从王阿姨家____出来，我赶紧往回走，____妈妈已经在家等我了。

A 告别　怪不得

B 离别　要不是

C 宣告　差不多

D 告辞　说不定

2 • 2 • 2 • 2 • 2 • 2 • 2

第 二 部 分

（25 题，25 分钟）

说明：51 ～ 75 题，每段文字后都有若干个问题，每个问题都有 A B C D 四个备选答案，请你阅读后根据每题的要求选出最恰当的答案，并在答题卡上代表正确答案的字母上画一横道。

51 ～ 53

宋濂小时候喜欢读书，但是家里很穷，他没钱买书，只好向人家借。每次借书，他都跟对方讲好还书日期，到时必还，从不违约。人们都愿意把书借给他。

一次，他借到一本书，越读越喜欢，便决定把它抄下来。可是还书的日期快到了，他只好连夜抄书。时值寒冬腊月，滴水成冰。他母亲说："孩子，都半夜了，这么冷，天亮再抄吧，人家又不是等这本书看。"宋濂说："不管人家等不等这本书看，到了约定的日子就要还，这是个信用问题，也是尊重别人的表现。如果说话、做事不讲信用，怎么可能得到别人的尊重呢？"

这件事在当地传开，一位读书人夸他："年轻人，守信好学，将来必有出息！"

【51】宋濂小时候看的书都是哪儿来的?

A 自己买的

B 母亲买的

C 自己抄的

D 找人借的

【52】宋濂抄书的原因是：

A 喜欢那本书

B 为加强记忆

C 想练习写字

D 要送给别人

【53】本文主要想告诉我们，宋濂：

A 家里很穷

B 喜欢读书

C 好学守信

D 尊敬母亲

2 • 2 • 2 • 2 • 2 • 2 • 2

54 ～ 56

小时候，丽丽发现妈妈做饭永远都正好，家里从不会剩饭。她感到很神奇，就问妈妈为什么，妈妈摸着她的头说："因为妈妈能掐会算，知道未来的事情。"丽丽因此一直很佩服妈妈。

后来，丽丽长大了，结婚了，开始给丈夫做饭，不是多了就是少了。此时的她不再相信妈妈能掐会算，她问妈妈到底是怎么做到的，妈妈微笑着说："等你有了孩子就知道了。"

两年后，丽丽有了孩子，她开始给孩子做饭。丽丽终于明白：如果饭做得不够，妈妈就少吃；如果做多了，妈妈就会把饭吃完。

明白了这个道理，丽丽泪如雨下。

【54】丽丽小时候佩服妈妈，因为她觉得：

A 妈妈会做饭给她吃
B 妈妈知道未来的事
C 妈妈的数学非常好
D 妈妈做饭非常好吃

【55】丽丽什么时候明白了妈妈做饭的"秘密"？

A 自己结婚时
B 给丈夫做饭时
C 给孩子做饭时
D 妈妈给她做饭时

【56】本文主要想告诉我们：

A 孩子长大不容易
B 养儿方知父母恩
C 经验来自常实践
D 凡事要做好计划

2 • 2 • 2 • 2 • 2 • 2 • 2

57 ～ 59

最近，我感到很疲乏，浑身无力，一直打不起精神来。有朋友介绍了一位医术高超的老中医，让我去瞧瞧。

老先生 80 多岁的样子，先听了我的叙述，然后让我将左手伸出来，他将两根手指搭在我的脉搏上，静静地听着。我看到，老先生的眉头渐渐皱起来，脸色很凝重。我的心一下子提到嗓子眼儿，心想：坏了，一定身染重病了！

过了好一会儿，老先生才将手指移开，轻轻地叹了口气。我不安地问："老先生，我得了什么病，严重吗？"老先生皱着眉头，凌厉的目光像利箭直刺我心。他说："你的'心'太多了，这些'心'搅得你心律大乱，这就是你的病根。"我听了，不禁哑然失笑："您说什么呢？我这胸口里只装了一颗心，怎么能说我有许多心？"老先生以一种不容置疑的语气说："不，你胸口里装了许多心！有灰心、痛心、寒心、伤心、狠心、变心、黑心、贪心……你能不心律大乱、精神不振吗？"

老先生的话，让我一下子愣住了。我弱弱地问："那我该怎么办呢？"老先生开了个方子：只留一颗爱心。这个处方，治好了我的病，让我的心中充满了温暖和甜蜜。

【57】"我"去看老中医的原因是：

A "我"得了怪病
B "我"相信中医
C 听说老先生医术高明
D 老先生治好了朋友的病

【58】老先生认为"我"：

A 得了心脏病
B 需要吃中药
C 考虑问题太多
D 病已无药可治

【59】老先生治病的办法是让"我"：

A 多休息
B 做手术
C 锻炼身体
D 只存爱心

2 • 2 • 2 • 2 • 2 • 2 • 2

60 ～ 63

1935 年，杨绛和丈夫钱锺书前往英国牛津大学求学。钱锺书是公费留学生，杨绛是自费生。杨绛不忍心向患高血压的父亲开口要钱，就做了一名旁听生，听几门课，到大学图书馆自习。

生活上，一直很节省的杨绛更加精打细算。他们在房东家住，吃的由房东提供，杨绛从不挑剔。她笑着说："能吃饱就行。"而在穿着上，她更是将就，常常只有两套衣服换着穿，却总是洗得干干净净。空闲时，杨绛会拿起笔墨练习书法，没有纸，就在房东送的餐巾纸上练。虽是餐巾纸，杨绛仍专心投入。

休息日，杨绛会买来极普通、极便宜的菜，用心地把它们切成细丝，或者切成花刀，精心制作。不多时，色、香、味俱全的美味便端上了桌。这些普通的饭菜常常因杨绛讲究的做法，换来房东一家热烈的赞美。

每逢好天气，杨绛和钱锺书早晚都外出散步。闹市郊区、大街小巷、店铺邮局、一所所学院门前全走个遍。他们的神情和姿态，就像两位高贵的绅士在田园里漫步。遇到好书时，无论多贵，他们都会毫不犹豫地买下来。"买书是最不能将就的事。"这是杨绛经常说的话。

将就和讲究，看似毫无关联的两个极端，在杨绛先生的身上得到了统一。

【60】杨绛在英国学习，是通过：

A 在家自学
B 公费学习
C 旁听与自学
D 跟丈夫学习

【61】在餐巾纸上练习书法，杨绛：

A 很随便
B 很高兴
C 很认真
D 很无奈

【62】根据本文，杨绛的"讲究"表现在：

A 住在房东家里
B 两套衣服换着穿
C 喜欢去田园里散步
D 用普通的菜做出美食

【63】根据本文，杨绛最不能将就的事是：

A 游玩
B 穿衣
C 吃饭
D 买书

2 • 2 • 2 • 2 • 2 • 2 • 2

64 ～ 67

一位年轻画家和一位年轻作家，作品都卖不出去，只能租住在郊外一栋破旧建筑的二楼。后来，作家找到了工作，有了收入，而画家继续过着有上顿没下顿的生活。作家多次想掏钱资助，画家却死活不肯接受。

一天，画家正守在窗边叹气，作家走了进来，碰巧从窗户里看到楼下有个流浪汉正在吃面包，便对流浪汉说："我敢跟你打赌，你绝对没本事让面包飞进屋里来。"流浪汉笑了："你等着瞧！"说完，他把面包抛了上来，正好穿过窗户落进了屋里。

作家欢喜地嚼着面包，又跟流浪汉打赌："再来一次，我就不信你还这么准！"流浪汉想也没想，又扔来一块面包。作家笑着把它塞给画家，说："流浪汉的心意，不吃白不吃。"画家犹豫了片刻，到底忍不住诱惑，吃得很香。

接下来的日子里，作家常常过来，跟楼下的流浪汉打赌。渐渐地，画家也学会了这招。终于有一次，画家问流浪汉："你总能把面包扔得这么准，怎么从不向我们要钱呢？"流浪汉说："要说你那兄弟真傻，每次都给我买 10 个面包的钱，却只要我把两个面包扔进屋里。窗口到地面不过 4 米高，怎么可能失手！"

画家听后，感动得热泪盈眶。

【64】根据第一段可知，作家：

A 找到工作了
B 很喜欢绘画
C 作品非常好卖
D 住在新房子里

【65】流浪汉每次都愿意把面包扔进屋里，是因为：

A 特别想赢
B 同情画家
C 觉得十分有趣
D 作家给他钱了

【66】作家跟流浪汉打赌的目的是：

A 让自己开心
B 锻炼流浪汉
C 暗中帮助画家
D 解决吃饭问题

【67】最适合做本文标题的一项是：

A 贫穷的年轻人
B 被保护的友情
C 大作家的玩笑
D 扔面包的流浪汉

2 • 2 • 2 • 2 • 2 • 2 • 2

68 ～ 71

近几年，社会上流行起一个新名词——“低头族”。所谓“低头族”，是指在地铁、公交车、餐厅等地方做“低头看屏幕”状的人，他们有的看手机，有的看平板电脑，低着头上网、玩儿游戏、看视频，每个人都想通过盯住屏幕的方式把零碎时间填满。

在奋斗商业街上工作的几乎都是白领一族，“低头族”成了就餐的主力。他们在哪儿吃饭都一样，只要能吃饱就行，不挑剔是他们最大的特点。但对餐厅来说，这正是留不住回头客的根本原因，因为顾客对任何一家餐厅的饭菜都没有什么印象。

该怎么留住这些“问题顾客”呢？某餐厅经理再三思索之后，做出如下规定：客人只要在用餐前主动将手机或电脑交给餐厅保管，专心吃饭，餐厅就将给予九五折优惠。不少顾客觉得这个规定挺有吸引力，不过也担心自己的信息被泄露。于是餐厅经理在店内专门安放了一个格子保险柜，由顾客自己将手机或电脑锁在里面。这样，顾客就能放心、专心地去吃饭了。

这个规定很快就收到了明显效果。许多顾客开始想念这家餐厅，多次前来。仅仅一个月的时间，餐厅的客流量就翻了一番，营业额大幅度提高。之后的几个月，餐厅的生意更是一日好过一日。

其实，世上的菜品没有最好，只是人们一旦集中注意力去吃，就会发现食物特别可口。

【68】本文中的“低头”指的是：

A 愿意认错

B 缺乏自信

C 低着头走路

D 低头看屏幕

【69】根据本文，“低头族”吃饭的主要特点是：

A 从不挑食

B 速度较快

C 注意营养

D 重视环境

【70】餐厅做出新规定的目的是：

A 让顾客快速吃饭

B 保持餐厅的安静

C 让顾客欣赏周围的环境

D 让顾客体会食物的美味

【71】新规定使餐厅的生意变好了，是因为顾客：

A 觉得经理特别讲信用

B 都对新规定比较好奇

C 能品尝出饭菜可口了

D 觉得在这里吃能省钱

2 • 2 • 2 • 2 • 2 • 2 • 2

72 ～ 75

父亲和母亲即将迎来第二个孩子的诞生。然而，在临近生产时，母亲不幸遭遇了车祸，被送进医院进行抢救。经过救治，母亲转危为安。不久，女儿安娜降生了。可是，由于危急的产前状况，安娜一出生就是个智障儿，而且很严重。

父母虽然感到可惜，但没有丝毫的嫌弃和厌恶，反而给了安娜更多的关心和爱护。他们说：“不是安娜自己要求来到人间的。我们俩的责任，就是让她获得真正的幸福。只要安娜能和别的女孩儿一样，我们愿意放弃一切。”

父亲脾气很大，可在安娜面前他是那么温柔，一有时间就领着她玩耍，对安娜的要求从不拒绝，还经常给她讲故事、唱歌、做鬼脸，逗她开心，没有一点点急躁和不耐烦。他身高近两米，为了不让安娜有距离感，他常常蹲下来、跪下来、坐下来、趴下来，让安娜在自己身上爬来爬去，拽自己的头发，还给安娜当马骑。安娜虽然不能说话，可在父亲身边玩耍，躺在父亲怀里看父亲扮鬼脸，骑在父亲背上看着父亲满地爬，她始终很高兴，常常被逗得笑出声来。

就这样，父母无微不至地照顾和关爱安娜 20 年。不幸的是，在安娜 20 岁生日前夕，疾病夺去了她的生命。葬礼那天，在安娜的墓前，父母眼含热泪，久久不愿离去。直到天黑，父亲才握着母亲的手说：“走吧，现在她和别人一样了。”

有人这样评价安娜的父亲：只有在安娜面前，这个一向严肃的军人才忘记了自己的尊严。而事实是，他不但没有失去尊严，而且让安娜活得有尊严，他伟大的父爱更为自己赢得了尊严。

【72】关于安娜，下列说法正确的是：

A 长得很漂亮

B 智力有障碍

C 因车祸去世

D 很喜欢说话

2 • 2 • 2 • 2 • 2 • 2 • 2

【73】父亲对安娜的态度是：

A 同情
B 信任
C 爱护
D 尊重

【74】第四段主要讲的是：

A 父母照顾安娜 20 年
B 安娜在生日前去世
C 父母与安娜的告别
D 父母两人相依相伴

【75】根据最后一段，我们知道：

A 父亲在安娜面前没有尊严
B 父爱让这位父亲更有尊严
C 安娜在父母面前才有尊严
D 有了安娜父亲就忘了尊严

3 • 3 • 3 • 3 • 3 • 3 • 3

三、书面表达

第 一 部 分

（10 题，10 分钟）

一、76～80 题，在每道题的 A B C D 四个句子中，只有一个是错误的，请找出这个句子，并在答题卡上代表正确答案的字母上画一横道。

76. A 海里的动物，我们已经知道的大约有 3 万种。
B 在我国，每年的 9 月 10 日教师们的节日。
C 中心商场虽然建得很漂亮，但顾客并不多。
D 这个城市没有重工业，怪不得空气这么新鲜。

77. A 去年春节前后，那一带发生过一次较大的地震。
B 盼望已久的试验终于成功了，他怎么能抑制不住自己的激动心情呢？
C 海面上波涛翻滚的时候，海底依然很安静。
D 下了雨以后，公园里挺凉快的，很多人在散步。

78. A 幸福生活来之不易，因此一点儿粮食都不能浪费。
B 这里的山啊，水啊，都同学们从小就熟悉。
C 这座宫殿历史非常悠久，很早就被列为全国重点文物保护单位。
D 他是一个摄影爱好者，经常利用业余时间去各地拍照。

79. A 4000 年前，在这条河边看守河堤的人都是贵族。
B 无论是谁，只要跟她打过交道，就没有不说她热情周到的。
C 交通规则人人都得防守，怎么能给你开绿灯？
D 先进的技术和设备使它成为全国最大的塑料制品加工厂。

80. A 银河，又名“天河”，是由 1000 亿颗以上的恒星组成的。
B 从此，指挥棒很快成为合唱队和乐队指挥时必不可少的工具。
C 社会学是研究社会关系、社会结构、社会问题及社会发展的综合性学科。
D 青春期是人体成长的重要，必须重视这个时期的发育、锻炼、营养等。

3 · 3 · 3 · 3 · 3 · 3 · 3

二、81～85题，在下面这段文字中，有五处是用拼音代替汉字的，请根据上下文的意思认读拼音，然后在答题卡上找到相应的题号，并在横线上写出正确的汉字。

一些科学家预言，随着现代化 jìnchéng（81）的加快，大都市会 zhújiàn（82）解体。人们更愿意步行或骑自行车上班，对汽车则越来越 lěngdàn（83）。如此一来，人们会常常在大街上相遇，邻居之间会来往得更 pínfán（84）。人们在去 jùyuàn（85）、电影院的路上走过别人家门口，会主动与人打招呼。

请接下去进入作文考试

⇩

MHK（二级）

卷 Ⅱ

书 面 表 达

第 二 部 分

（作文，30 分钟）

作 文 要 求

1. 写作前认真阅读作文提示，按提示要求在规定的时间内写完。
2. 每个空格写一个字，书写要清楚工整；每个标点符号占一个空格，标点符号使用要规范。
3. 作文中不得出现跟考生有关的校名、地名和真人姓名。
4. 保持卷面整洁，不得涂划损坏答卷。

作文提示：

阅读下面的材料，按要求作文。

有一只骄傲的狐狸，自认为是森林中最伟大的动物。一天下午，它独自散步，走着走着，意外地发现自己的影子非常大。这个新发现让它很高兴，更相信自己是森林中最了不起的动物了。它正在得意忘形之际，来了一只狮子。看到狮子，它一点儿都不怕，还拿自己的影子和狮子相比较，结果发现自己的影子比狮子还大，就不理睬狮子，自得其乐地在那里散步。很快，这只可怜的狐狸成了狮子的美餐。

请以“正确地认识自己”为题，联系实际，写一篇读后感。全文不少于300字。

听力理解录音材料

模拟试卷（一）

第 一 部 分

说明：1～15 题，这部分试题，都是两个人的简短对话，第三个人根据对话提出一个问题，听到问题后，请你在四个备选答案中选出唯一恰当的答案。

例如：第 8 题，你听到：

男：小兰，你刚才去邮局订杂志，怎么没把今天的晚报买回来？

女：晚报都卖完了。

第三个人问：小兰刚才干什么去了？

你在试卷上看到四个答案：

A 寄信　B 订杂志　C 卖报纸　D 买邮票

根据对话，第 8 题最恰当的答案是 B，你应在答题卡上找到号码 8，在字母 B 上面一横道。横道一定要画得粗一些，重一些。

8 [A]　■　[C]　[D]

一段对话或一段简短讲话的答题形式跟上面的例题相同。好，请大家准备好，现在开始做第 1 题。

1. 女：今年暑假的旅游计划又泡汤了。
男：真是计划不如变化快。
问：女的是什么意思？

2. 女：老张三番五次地来说情，你考虑考虑吧！
男：谁说情也得按规定办！
问：女的是什么语气？

3. 女：我应该拿到百米赛金牌的，可我却失败了。
男：没关系，我再指导你加紧训练，下次比赛一定有进步！
问：女的最可能是做什么的？

4. 女：你能不能说得具体一点儿，到底哪里不舒服？
男：我感觉浑身上下哪儿都难受，所以赶紧来挂号让您给看看。
问：对话最可能发生在哪里？

5. 女：我想办张游泳卡，痛痛快快地游一夏天，你看怎么样？
男：好主意！既凉快又锻炼身体。
问：男的是什么意思？

6. 女：小明，我跟李杰约好了，星期天找你爬山去！
男：太不巧了，星期天我有个急活儿，一定得赶出来。
问：男的星期天做什么？

7. 男：这个月的话费可创纪录了。
女：你天天打那么多电话，话费不高才怪呢！
问：男的这个月的话费为什么高？

8. 女：这几天怎么听不到小王的笑声了？
男：你不知道啊，他被老板炒了，上周就不来了。
问：关于小王，我们知道什么？

9. 男：你觉得王主任会选谁呢？
女：在她眼里，谁都不行，只有她自己才是最完美的人。
问：女的是什么语气？

10. 女：刚才一不小心把杯子碰掉了，打得粉碎。
男：伤到什么地方没有？
问：男的是什么意思？

11. 男：打篮球可以使全身肌肉得到锻炼。既锻炼动脑能力，又锻炼动眼、动手能力。
女：这么多好处啊，我也要参加！
问：女的为什么要打篮球？

12. 男：赵姐，我想请您下半年来帮忙，每小时付您 30 元。
女：不是多少钱的问题，我下半年实在是太忙了。
问：女的是什么意思？

13. 男：我认为我在技术方面是最好的，别人都比不上我。
女：我觉得“人外有人，天外有天”。
问：女的是什么意思？

14. 女：妈妈打电话说今晚约了楼上的张阿姨看电影，不回来吃晚饭了。
男：我知道了。你先写作业，马上就开饭。
问：说话人最可能是什么关系？

15. 女：我这周要搬家，你先别给我送打印机，我下周自己去取。
男：好的。你来之前给我打电话。
问：这周为什么不能送打印机？

第 二 部 分

说明： 16 ～ 35 题，这部分试题中，你将听到几段对话或讲话。每段话之后，你将听到几个问题，听到问题后，请你在四个备选答案中选出唯一恰当的答案。

例如： 第 25 ～ 27 题，你听到：

男：请问，有包子吗？
女：有。刚做好的，都是热的。
男：怎么卖？
女：五毛钱一个。您要几个？
男：给我来两个。
女：好的。收您十块钱，找您九块，请点一下。
男：谢谢。请问附近哪儿有卖报纸的？
女：前面路口向右拐有一家邮局，邮局里就有。
男：太好了，谢谢。
女：不客气。

第三个人根据这段对话提出三个问题：

25. 问：男的正在做什么？

你在试卷上看到四个答案：

A 问路　　B 取钱　　C 买东西　　D 吃包子

根据对话，第 25 题唯一恰当的答案是 C，你应该在答题卡上找到号码 25，在字母 C 上画一横道。横道一定要画得粗一些，重一些。

25 [A]　[B]　■　[D]

……

你又听到：

27. 男的打算去做什么？

你在试卷上看到四个答案：

A 买邮票　　B 打电话　　C 取包裹　　D 买报纸

根据对话，第 27 题唯一恰当的答案是 D，你应该在答题卡上找到号码 27，在字母 D 上画一横道。横道一定要画得粗一些，重一些。

27 [A]　[B]　[C]　■

好，请大家准备好，现在开始做第 16 到 17 题。

16 到 17 题是根据下面一段对话：

女：刘老师，咱们学校明天开展“户外健身走”活动，你也报名吧！
男：是吗？可我明天上午有课，参加不了啊。
女：时间是中午十二点半到下午三点，不耽误你上课。
男：时间挺合适。咱们在哪儿走啊？
女：紫竹院公园，从北门进去，从东门出来。
男：对服装有要求吗？
女：没有要求。
男：好，我报名！

16. 问：女的想让男的做什么？
17. 问：活动的起点最可能在哪里？

18 到 19 题是根据下面一段对话：

女：您的新节目什么时间播出？
男：早上 7 点 20 分在卫视一套首播，晚上还会在四套重播。
女：选在早上首播，很多年轻人起不来，看不到。
男：这个节目是给老年人看的，他们比较习惯早起。

女：记得您去年主持的节目就是早上播，收视率怎么样？

男：收视率5.4，这是晚间档节目远远达不到的。

女：真棒！您主持的节目都有稳定的观众群，群众反应也都不错。

男：谢谢您的肯定。

18．问：根据对话，新节目主要是给谁看的？

19．问：男的最可能是做什么的？

20到22题是根据下面一段对话：

男：你这么急匆匆的，干什么去啊？

女：图书馆有个关于读书方法的报告会，我赶着去听。

男：报告会不是7点开始吗？还有一个小时呢，这么着急干什么？

女：这个报告会特别受欢迎，我怕去晚了没有位置啊。你不想听吗？

男：想啊。可是我饿得不行了，得赶紧去填饱肚子。我打算提前半小时进场。

女：那你就去食堂吃吧，离得近，别去校外的饭店了。

男：行，听你的。需要我给你带点儿吃的吗？

女：不用了，我吃过饭了，谢谢！

20．问：女的急着去做什么？

21．问：男的打算几点去图书馆？

22．问：女的建议男的做什么？

23到25题是根据下面一段话：

一场独特的藏书票展前天在新市区教师进修学校开展。起源于欧洲、20世纪才传入我国的藏书票，是指藏书者按照自己的兴趣爱好，根据书籍的内容制作的版刻画儿，一般贴在图书翻开后的第一页上，起标记和装饰的作用，与我国传统的藏书章作用类似。本次展出的600多张藏书票全部由新市区20多所中小学的学生独立设计、制作而成，表现校园生活、体育表演、历史文化等主题。由于藏书票的制作过程融合了美术、语文、手工劳动等多项课程的教学内容，能够同时锻炼学生的想象力、创造力和动手能力，所以新市区将此作为教学中的一项常规活动进行推广，受到了师生和家长的欢迎。

23．问：藏书票起源于哪里？

24．问：根据对话，600多张藏书票的作者是谁？

25．问：说话人对这次展览活动持什么态度？

26到28题是根据下面一段话：

从前，有一户人家，哥哥比妹妹大十几岁，哥哥成家的时候，妹妹还不懂事呢。后来，父母去世了，妹妹就跟着哥嫂生活。嫂子是个善良的人，对妹妹特别好。

有一次，妹妹在树林里捡到一只桃核，就带回了家，嫂子把它种在院子里。不久，长出了一棵小桃树。桃树慢慢长大，但是没等桃树结果，妹妹就嫁到别的地方去了。

第三年，桃树终于结果了，可是一棵大桃树只结了一个桃。桃子熟了，哥哥摘下来就要吃，嫂子忙拦住，说："桃树是我和妹妹一起种的，如今结了一个桃子，应该我和妹妹分着吃才对。"哥哥说："妹妹不在家啊。"嫂子说："不要紧，我这就起程，给妹妹送桃子去。"

第二天，妹妹捧着桃子，望着嫂子，感动得哭了。

26．问：捡到桃核时，妹妹跟谁一起生活？

27．问：桃核被种在哪里了？

28．问：从这段话中，我们知道什么？

29到31题是根据下面一段话：

每个人都有一把"快乐的钥匙"，可惜有些人常在不知不觉中把它交给了别人。

一位妻子抱怨："我活得很不快乐，因为先生经常出差不在家。"她把快乐的钥匙放在先生手里。一位妈妈说："我的孩子不听话，让我很生气！"她把快乐的钥匙交到孩子手里。一个男人说："领导不欣赏我，所以我情绪不佳。"这把快乐的钥匙被塞在领导手里。一个婆婆说："我的儿媳妇不孝顺，我真命苦！"一个年轻人从文具店里走出来，说："老板的服务态度恶劣，把我气炸了！"这些人都做了相同的决定，就是让别人来控制自己的心情。

一个成熟的人能够掌握住自己快乐的钥匙，他不必期待别人使他快乐，反而能将快乐与幸福带给别人。

29．问：那位妻子为什么不快乐？

30．问：不快乐的人有什么共同特点？

31．问：根据这段话，一个成熟的人是什么样的？

32 到 35 题是根据下面一段话：

维生素是人和动物为维持正常的生理功能而必须从食物中获得的一类物质。其中的维生素 C 更是人类必需的营养素，但其实它也有害怕的东西呢。

维生素 C 怕水，它是一种水溶性维生素，在水中会迅速被分解。所以在处理蔬菜时要先洗后切，以免大量的维生素 C 从切口处流失。维生素 C 也怕碱，它在酸性环境下稳定，一遇到碱就被破坏了。因此炒菜时可以适当放点儿醋，以保持菜的营养价值。它还怕氧气。蔬菜切碎后不仅不能清洗，也不能久放，因为蔬菜暴露在空气中，就会与氧气起作用而被破坏，要随买、随洗、随切、随做、随吃。维生素 C 也怕热。在高温长时间加热的情况下，维生素 C 损失尤其多。所以炒菜时间不要太长，做汤时要等水烧开了再放菜。

32．问：关于洗菜，正确的做法是什么？

33．问：炒菜时应该怎么做？

34．问：做蔬菜汤时为什么要等水烧开再放菜？

35．问：这段话主要讲的是什么？

听力理解考试到此结束。

模拟试卷（二）

第 一 部 分

说明： 1 ～ 15 题，这部分试题，都是两个人的简短对话，第三个人根据对话提出一个问题，听到问题后，请你在四个备选答案中选出唯一恰当的答案。

例如： 第 8 题，你听到：

男：小兰，你刚才去邮局订杂志，怎么没把今天的晚报买回来？

女：晚报都卖完了。

第三个人问：小兰刚才干什么去了？

你在试卷上看到四个答案：

A 寄信　　B 订杂志　　C 卖报纸　　D 买邮票

根据对话，第 8 题最恰当的答案是 B，你应在答题卡上找到号码 8，在字母 B 上画一横道。横道一定要画得粗一些，重一些。

8 [A] ■ [C] [D]

一段对话或一段简短讲话的答题形式跟上面的例题相同。好，请大家准备好，现在开始做第 1 题。

1．女：您需要点儿什么？
男：我想选一个书包。
问：对话最可能发生在哪里？

2．女：你不是答应我过生日时给我买一条裙子吗？
男：我是答应过，但这事得你妈说了算。
问：根据对话，说话人最可能是什么关系？

3．男：这支笔我一直带在身边，现在送给你做个纪念吧。
女：我很喜欢，谢谢你了。
问：女的是什么语气？

4．男：这件事太麻烦了，我想了好几天，还是晕头转向的。
　　女：总会有解决办法的，你也别太着急了。
　　问：男的是什么意思？

5．男：学校通知我这周末参加省数学竞赛，我好害怕呀！
　　女：区里的、市里的竞赛你都获奖了，这次应该去试试。
　　问：男的要参加哪里的数学竞赛？

6．女：你刚才的动作特别敏捷，以前肯定学过武术！
　　男：我只是从小就喜欢运动，没事就打打球什么的。
　　问：男的是什么意思？

7．女：我的羽毛球挂在树上了，你能帮我取下来吗？
　　男：行倒是行，就是这树有点儿高啊。
　　问：男的是什么态度？

8．男：今天你 800 米的成绩怎么样？
　　女：别提了，差点儿倒数第一。
　　问：女的是什么意思？

9．女：老师说，这个实验今晚必须做完。要是停电了怎么办？
　　男：别担心，不会的。如果停电，会提前通知咱们的。
　　问：女的担心什么？

10．女：你的象棋是跟谁学的？
　　男：我小时候父母常带我去爷爷奶奶家，我跟爷爷学的。
　　问：男的跟谁学的下象棋？

11．女：我想周六骑车去动物园看看，可我又怕天气太热。
　　男：我周六休息，我带你去游泳吧。
　　问：男的建议周六做什么？

12．女：我看邻居家买车了，咱们也买一辆吧！
　　男：买车没问题，但是咱俩谁会开呀？
　　问：男的是什么意思？

13．女：你这学期的数学、英语、语文都考得非常好，只有体育没通过考试，真可惜。
　　男：是啊，考试的前两天我打篮球扭伤了脚，不敢用力。
　　问：男的为什么体育考试没通过？

14．男：百货大楼对面新开了一家饭店，我带你去尝尝那里的烤鱼。
　　女：太好了！我正想去尝鲜呢。
　　问：女的是什么意思？

15．女：哟，停电了！咱们坐着也是坐着，大家一起唱首歌吧。
　　男：你起个头儿，我们跟着唱。
　　问：男的是什么意思？

第二部分

说明：16 ～ 35 题，这部分试题中，你将听到几段对话或讲话。每段话之后，你将听到几个问题，听到问题后，请你在四个备选答案中选出唯一恰当的答案。

例如：第 25 ～ 27 题，你听到：
男：请问，有包子吗？
女：有。刚做好的，都是热的。
男：怎么卖？
女：五毛钱一个。您要几个？
男：给我来两个。
女：好的。收您十块钱，找您九块，请点一下。
男：谢谢。请问附近哪儿有卖报纸的？
女：前面路口向右拐有一家邮局，邮局里就有。
男：太好了，谢谢。
女：不客气。
第三个人根据这段对话提出三个问题：
25．问：男的正在做什么？
你在试卷上看到四个答案：
A 问路　B 取钱　C 买东西　D 吃包子

根据对话，第 25 题唯一恰当的答案是 C，你应该在答题卡上找到号码 25，在字母 C 上画一横道。横道一定要画得粗一些，重一些。

25 [A] [B] ■ [D]

……

你又听到：

27. 男的打算去做什么？

你在试卷上看到四个答案：

A 买邮票　B 打电话　C 取包裹　D 买报纸

根据对话，第 27 题唯一恰当的答案是 D，你应该在答题卡上找到号码 27，在字母 D 上画一横道。横道一定要画得粗一些，重一些。

27 [A] [B] [C] ■

好，请大家准备好，现在开始做第 16 到 17 题。

16 到 17 题是根据下面一段对话：

女：学校让我明天去外地交流学习。

男：去哪儿？

女：先到西安，再去兰州。

男：北方现在已经很冷了，不像去广州、厦门，你得多带点儿衣服。

女：没事，三四天就回来了。

男：出门在外，自己小心点儿。

女：你不用担心我。我不在家，你要照顾好自己。

男：你放心吧。

16. 问：根据对话，女的会先到哪里？

17. 问：男的对女的是什么态度？

18 到 19 题是根据下面一段对话：

女：那位大姐怎么回事啊？你跟她说“谢谢”，她一点儿反应都没有。

男：她这人就是这样，认识她这么多年，我都习惯了。

女：那你为什么还对她那么客气？

男：我对她客气，是因为我素质高，我有礼貌啊。

女：你有礼貌，她的态度也不会好啊！

男：没关系，我做好自己该做的事就行了。

女：我可做不到你这样，我特别容易受别人影响。

18. 问：女的认为那位大姐怎么样？

19. 问：关于男的，我们知道什么？

20 到 22 题是根据下面一段对话：

男：姐，我和莉莉正在家做饭呢，你过来吧！

女：我已经吃完了，不去了。

男：你在哪儿，吃的什么呀？

女：我在办公室泡了一袋方便面。

男：你总这么凑合，对身体不好。

女：我知道，但我最近确实太忙了，实在没时间做饭。

男：你们单位离我们家这么近，以后你再加班，我就给你送饭去。

女：那太好了，就是麻烦你们俩了！

20. 问：男的最可能让女的去他家做什么？

21. 问：女的最近怎么样？

22. 问：男的打算以后怎么做？

23 到 25 题是根据下面一段话：

维生素类药物经口服后主要通过小肠吸收进入血液。如果空腹时服用，维生素会迅速被吸收，使血液中的维生素浓度很快增高，以至于大量维生素在被身体组织利用前就排出体外，药效下降。饭后服用维生素类药物，由于胃肠内有食物，维生素是逐渐被吸收的，从而有利于发挥治疗作用。尤其是维生素 A、维生素 D、维生素 E 等，易溶于油性物质而被吸收，更宜饭后服用。此外，维生素与某些矿物质也有相互促进吸收的关系，如维生素 C 有助于钙的吸收，而钙也有助于维生素 A 和 D 的吸收。

23. 问：什么时候吃维生素类药物效果较好？

24. 问：哪种维生素有助于钙的吸收？

25. 问：这段话主要讲的是什么？

26 到 28 题是根据下面一段话：

人生的路不可能一直平坦、顺利，走在路上，难免有跌倒的时候。那么，跌倒了该怎么办呢？

先听听一个女明星的故事吧。在一次颁奖典礼上，一位获奖的女明星被长裙绊了脚，摔倒在舞台上。女明星迅速站起来，从主持人手中接过奖杯，感慨地说："为走到今天这一步，我一路走得很辛苦，付出了很多代价，包括刚才的摔倒。"女明星的话，让她得到了更热烈的掌声。

跌倒时，要像这位女明星那样保持一颗平常心。跌倒了没有什么大不了，爬起来再走就是了，因为人正是在一路跌跌撞撞中学会了走路，而人生也正是在一路的跌跌撞撞中走向成功和辉煌。

26．问：根据这段话，女明星为什么摔倒了？

27．问：女明星摔倒后的反应是什么？

28．问：这段话主要想告诉我们什么道理？

29 到 31 题是根据下面一段话：

有一户人家需要在城里找一套房子。他们是一家三口，丈夫、妻子和一个5 岁的孩子。

他们找了一天，终于在傍晚时看到了一套合适的房子。可是，房东老先生仔细地打量了一家三口后，说："实在对不起，我的房子不打算租给有孩子的人家。"丈夫和妻子听了，只好遗憾地带着孩子离开了。

孩子把这一切都看在眼里。走了没多远，他又一个人跑了回来，并用那双小手敲开了房东的门。孩子很有礼貌地说："爷爷，这套房子我租了，我没有孩子，只有两位家长。"

房东一听孩子的话，哈哈大笑。他本来是怕孩子吵闹，现在一看这个孩子这么懂事、会说话，就十分开心地把房子租给他们一家三口了。

29．问：房东一开始为什么不想把房子租给一家三口？

30．问：孩子为什么跑回来找房东？

31．问：关于孩子，我们知道什么？

32 到 35 题是根据下面一段话：

东子的眼睛近视，可他嫌戴眼镜不好看，又嫌戴隐形眼镜麻烦，所以一直模糊着看世界。

昨天，东子因为学习上的事情惹同桌小亮生气了，小亮一天没跟东子说话。今天是同班同学丽丽的生日，她请几位关系比较好的同学一起吃饭。东子坐下以后，发现身边坐着的正是小亮。东子想利用这个机会跟小亮和好，于是他一边跟小亮打招呼，一边给他倒饮料。

过了一会儿，服务员开始上菜了，最先端上来的是一盘红烧牛肉。小亮刚要动筷子，东子早已夹了一大块肉放到他碗里。小亮一边说"谢谢"，一边把肉送进嘴里。他嚼着嚼着，眉头紧皱，艰难地咽下了那块"肉"，对东子说："我不喜欢吃姜，我讨厌它的味道！"

32．问：关于东子，我们知道什么？

33．问：今天谁过生日？

34．问：东子为什么主动跟小亮打招呼？

35．问：小亮为什么眉头紧皱？

听力理解考试到此结束。

模拟试卷（三）

第 一 部 分

说明： 1～15 题，这部分试题，都是两个人的简短对话，第三个人根据对话提出一个问题，听到问题后，请你在四个备选答案中选出唯一恰当的答案。

例如： 第 8 题，你听到：

男：小兰，你刚才去邮局订杂志，怎么没把今天的晚报买回来？

女：晚报都卖完了。

第三个人问：小兰刚才干什么去了？

你在试卷上看到四个答案：

A 寄信　　B 订杂志　　C 卖报纸　　D 买邮票

根据对话，第 8 题最恰当的答案是 B，你应在答题卡上找到号码 8，在字母 B 上画一横道。横道一定要画得粗一些，重一些。

8 [A]　■　[C]　[D]

一段对话或一段简短讲话的答题形式跟上面的例题相同。好，请大家准备好，现在开始做第 1 题。

1. 女：多吃青菜对身体有好处，别光吃肉。
   男：我也这么想，只是一见到肉我就忘了。
   问：男的是什么意思？

2. 男：你为什么老看我不顺眼啊？
   女：你别这么想，是你做得不对我才说你的。
   问：女的最可能做什么了？

3. 女：你怎么想起报名去学武术了，想保护自己呀？
   男：又没有人要伤害我，谈不上保护自己。我就是想锻炼锻炼身体。
   问：男的学武术的目的是什么？

4. 女：这么难的题你也会做啊，真服了你了。
   男：上星期物理老师给咱们讲过这道题啊！
   问：说话人最可能是什么关系？

5. 男：今年你还去参加汽车展览会吗？
   女：去，机票都买好了。
   问：女的选择什么交通工具？

6. 女：快起来吧，上学要迟到了！早饭都给你摆出来了。
   男：天还没亮呢，你让我再睡一会儿。
   问：对话最可能发生在哪里？

7. 女：李明的学习成绩没说的，就是体育拖了他的后腿。
   男：是啊，这样下去可不行，明年就要升学了，重点高中还是很重视体育成绩的。
   问：关于李明，我们知道什么？

8. 男：这里的鱼都是刚从湖里钓上来的，很新鲜，价格也不高。
   女：那就在这儿吃吧，吃完饭赶紧去买礼物。
   问：说话人接下来要做什么？

9. 女：爸爸今天不太高兴，他这是怎么了？
   男：不知道啊，我到家时他正在打电话，说的都是工作上的事，挂了电话脸色就不对了。
   问：爸爸最可能因为什么心情不好？

10. 男：我认为这是这家店最好吃的菜，改天把朋友们都叫上，一起尝尝。
    女：你还是考虑考虑吧，你认为最好吃的，别人没准儿认为最不好吃呢。
    问：女的是什么意思？

11. 男：播广告的时间比播电视剧的时间还长，这还让人怎么看？
    女：没办法，耐心等着吧。
    问：女的是什么语气？

12. 男：这间房子太小了，实在抱歉。
    女：您别这么说，我一个人住足够了，而且家具什么的都很齐全。
    问：女的认为这间房子怎么样？

13. 男：我这些年攒的钱都花在旅行上了。
女：我觉得这样挺好的，到处走走看看能让人学到不少东西。
问：根据对话，我们知道什么？

14. 男：小丽，你怎么不吃早饭？
女：我想等姐姐一起吃，她感冒还没好，有点儿发烧，现在还没起床。
问：女的为什么不吃早饭？

15. 女：老师让我们到操场集合，练习做操。走，咱俩一起去！
男：你先等我把这两个字写完。
问：男的正在做什么？

第二部分

说明：16～35题，这部分试题中，你将听到几段对话或讲话。每段话之后，你将听到几个问题，听到问题后，请你在四个备选答案中选出唯一恰当的答案。

例如：第25～27题，你听到：
男：请问，有包子吗？
女：有。刚做好的，都是热的。
男：怎么卖？
女：五毛钱一个。您要几个？
男：给我来两个。
女：好的。收您十块钱，找您九块，请点一下。
男：谢谢。请问附近哪儿有卖报纸的？
女：前面路口向右拐有一家邮局，邮局里就有。
男：太好了，谢谢。
女：不客气。
第三个人根据这段对话提出三个问题：
25. 问：男的正在做什么？
你在试卷上看到四个答案：
A 问路　　B 取钱　　C 买东西　　D 吃包子
根据对话，第25题唯一恰当的答案是C，你应该在答题卡上找到号码25，在字母C上画一横道。横道一定要画得粗一些，重一些。
25 [A]　　[B]　　■　　[D]
……
你又听到：
27. 男的打算去做什么？
你在试卷上看到四个答案：
A 买邮票　　B 打电话　　C 取包裹　　D 买报纸
根据对话，第27题唯一恰当的答案是D，你应该在答题卡上找到号码27，在字母D上画一横道。横道一定要画得粗一些，重一些。
27 [A]　　[B]　　[C]　　■
好，请大家准备好，现在开始做第16到17题。

16到17题是根据下面一段对话：
男：你今天去跑步了吗？
女：我今天在商场逛了一天，脚都走疼了，哪儿还有力气跑步？
男：逛了一天，肯定有收获。
女：你看，墙上挂的那条裙子就是我今天买的。
男：长短还行，但是颜色太鲜艳了吧？
女：过两天要去海边，我觉得颜色鲜艳的更合适。
男：看来你真的很期待去海边啊！

16. 问：女的今天做什么了？
17. 问：男的觉得裙子怎么样？

18到19题是根据下面一段对话：
男：喂，小清，你吃晚饭了吗？
女：刚吃完。你呢？
男：我也吃完了。有空吗？咱俩去公园走走吧。
女：真不巧，晚上我要看一篇稿子。
男：这样啊，那我下周再给你打电话，咱们一起去看演出。
女：见面比演出重要，如果这周我有时间，我就直接去找你。
男：好啊，我除了明天要布置展览以外，最近都有空儿。

18. 问：女的今天晚上要做什么？
19. 问：说话人约好做什么事？

20 到 22 题是根据下面一段对话：

女：淮河流域连降暴雨，给周围居民造成了不少损失。您家里的情况怎么样？

男：家里进水了，还没退，回不去家，真着急！

女：您别着急。吃的东西够吗？

男：够，给我们发了方便面，还有饼干，每个人都有。

女：有干净水喝吗？

男：有，都是瓶装水。

女：要是身体不舒服怎么办呢？

男：有好几个医生，都跟我们一起住在体育馆里。

女：好的，谢谢您接受我的采访，愿您早日回家。

男：不客气，你也辛苦了。

20. 问：男的为什么不能回家？

21. 问：关于男的的生活情况，我们知道什么？

22. 问：女的最可能是做什么的？

23 到 25 题是根据下面一段话：

在非洲一些偏远的地方，当地人因为受伤后不能马上去医院缝合伤口，便捉一种蚂蚁当特殊缝合线：先让它紧紧地咬住伤口，再把蚂蚁的身子剪掉。几天以后，伤口完全长好了，再除去蚂蚁的残留部分。这种蚂蚁叫行军蚁。虽然现代医学认为这种方法并不卫生，但在古老的年代，这种方法可帮了当地人的大忙。

蚂蚁还能帮助诊断糖尿病。在秘鲁，人们会把蚂蚁放在自己的尿旁，如果蚂蚁爬进尿里，就证明此人患有糖尿病。因为糖尿病人的尿有甜味，而蚂蚁就喜欢这种甜味。

蚂蚁还是配药的专家。有一种红蚂蚁会采集紫罗兰、报春花等植物的种子并制成药。有人尝过这种药，就像打了麻醉针一样。

23. 问：非洲的行军蚁为什么被当成缝合线？

24. 问：为什么说蚂蚁是配药的专家？

25. 问：这段话主要讲了蚂蚁在什么方面的作用？

26 到 28 题是根据下面一段话：

一般情况下，说话不应该拐弯抹角，应该让人一下子明白你的意思。但是有的时候，话却不能说得太直白。话虽点到为止，双方却都能领会，这样讲话也是一种技巧。比如下面这个故事：

三国时期，曹操很喜爱自己的二儿子，因为二儿子很有才华，所以他想废了大儿子，立二儿子为继承人。当曹操拿这件事征求谋士贾诩的意见时，贾诩却一声不吭。曹操奇怪地问："你为什么不说话？" 贾诩说："我正在想一件事呢！" 曹操问："想什么事啊？" 贾诩回答："我正在想袁绍、刘表的事。" 曹操听后哈哈大笑，立刻明白了贾诩的意思，不再提废长子、立幼子的事了。

贾诩没对曹操说出来的话是：袁绍、刘表因为废长立幼导致政权大乱，最终被你打败，你不想让同样的灾难在自己的土地上发生，就不要这样做了吧！

26. 问：贾诩为什么没有马上回答曹操？

27. 问：关于废长立幼，贾诩的真实想法是什么？

28. 问：这段话主要讲了什么？

29 到 31 题是根据下面一段话：

我读小学的时候，家里买了一辆前面带车梁的自行车。只要大人不在，我就在后座上横着绑上一根木棍，偷偷出去学骑车。木棍起了防止摔倒的作用，不管自行车往哪边歪，都会被木棍撑住。那时我个子太矮，没办法坐在车座上骑，右腿是从车梁底下穿过去的。练了一段时间以后，遇到下坡，我不捏车闸，直接飞驰而下；上坡时，我就走着推上去。骑车真是太美妙了，不用跑步就可以和跑步一样快。特别是刮大风的时候，顺风骑车的感觉简直好到无法形容。

当时，这辆自行车可能是我家最值钱的东西。每次我偷着出去骑车被妈妈发现，都会被骂一顿。因此，我每次都是速去速回，很难尽兴而归。

现在，我依旧喜欢骑自行车，骑车到附近吃饭、购物，或者什么也不干，只是骑着车漫无目的地闲逛。

29. 问：在自行车后座上横着绑一根木棍，有什么作用？

30. 问：关于说话人，我们知道什么？

31. 问：说话人现在有什么爱好？

32 到 35 题是根据下面一段话：

有一个城市发生了地震，救援工作紧张、持续地进行着。第三天，救援人员听到微弱的喊声："救命啊！快来救我的孩子啊！" 顺着声音搜索，救援人员发现，这声音是从一片楼房的废墟中传出来的。大家赶紧动手扒开废墟，眼前

出现了这样一幕：一位年轻的母亲四肢撑地，腰背拱起，顶着残砖碎瓦……而在她撑起的空间里，有一个婴儿躺在她身下，熟睡着。这位母亲不住地念叨："快救我的孩子！快救我的孩子！"当救援人员把他们两人救出来以后，她第一句话就问："我的孩子怎么样？"医护人员告诉她："你的孩子很好，没有危险。"听到这话，她的心情瞬间放松，一下就晕了过去。医护人员赶紧把她送往医院抢救，她最终脱离了危险。

这位母亲之所以能活下来，正是"要救孩子出去"这个强烈的念头支撑着她。

32．问：救援人员是怎样找到这对母子的？

33．问：被发现时，孩子怎么样了？

34．问：得救后，母亲首先想到了什么？

35．问：这段话主要想告诉我们什么？

听力理解考试到此结束。

模拟试卷（四）

第 一 部 分

说明： 1 ～ 15 题，这部分试题，都是两个人的简短对话，第三个人根据对话提出一个问题，听到问题后，请你在四个备选答案中选出唯一恰当的答案。

例如： 第 8 题，你听到：

男：小兰，你刚才去邮局订杂志，怎么没把今天的晚报买回来？

女：晚报都卖完了。

第三个人问：小兰刚才干什么去了？

你在试卷上看到四个答案：

A 寄信　B 订杂志　C 卖报纸　D 买邮票

根据对话，第 8 题最恰当的答案是 B，你应在答题卡上找到号码 8，在字母 B 上画一横道。横道一定要画得粗一些，重一些。

8 [A]　■　[C]　[D]

一段对话或一段简短讲话的答题形式跟上面的例题相同。好，请大家准备好，现在开始做第 1 题。

1．女：你在哪儿呢？我都等你半小时了，不来就算了！
男：对不起，对不起，一忙起来就忘了，我现在就过去啊！
问：女的是什么心情？

2．女：这对姐妹长得像极了，外人很难分辨出来。
男：可一说话、一做事就分出来了，一个性格内向，一个性格外向。
问：根据对话，姐妹俩哪方面相似？

3．女：林老师在教学中处处带头，哪里有难题，哪里就有林老师，我们服气。
男：没错儿，我们最佩服他！
问：男的是什么语气？

4．女：我姐姐是个戏迷，哪儿上演新戏她都去看，而且都带上我。
男：怪不得你现在这么喜欢看戏。
问：男的是什么意思？

5．男：房东也不容易，水管、电灯坏了都得修，有时还不能按时拿到房租。
女：可拿到的房租也不少啊！
问：女的是什么意思？

6．女：看一次病真不容易，到处排长队，需要很多时间。
男：医院也在改革，目前推行的"一条龙"服务就很好，减少了不少环节，缩短了看病时间。
问：根据对话，医院正在进行哪方面的努力？

7．男：你那儿有没有数学辅导资料？我的那本看完了，想看点儿新的。
女：我有，但是今天没带来，我明天拿给你吧。
问：女的是什么意思？

8．女：以前，您总是陪着我写作业，还帮我检查；现在，您怎么不管我了？
男：你现在是初中生了，要学会自我管理，不能老依靠父母。
问：说话人最可能是什么关系？

9．男：去年春天的这个时候已经开始有沙尘了。
女：今年不是下了几场雨吗？
问：女的是什么意思？

10．男：你的作业还没写完吗？这么晚了，你该休息了。
女：我的作业早写完了，刚才给以前的同学写了封邮件。我这就去刷牙，然后就休息。
问：根据对话，女的接下来要做什么？

11．男：你今年春节有什么旅游计划吗？去南方、海边，还是出国？
女：我太累了，想好好儿休息一下，哪儿都不想去。
问：春节期间，女的最可能在哪里？

12．男：妈妈，我能打一会儿游戏吗？
女：你知道今天不是周六，对吗？
问：男的什么时候可以打游戏？

13．男：这是一批急活儿，如果误了工期，咱们厂是要赔偿人家损失的，一定要抢时间！
女：那咱们就一起加班把它赶出来吧！
问：对话最可能发生在哪里？

14．女：刚才接电话的是青青。怎么样？她的普通话说得还可以吧？都是我教的。
男：不仅普通话好，而且让人觉得懂事、有礼貌。
问：说话人正在做什么？

15．女：你们的饼干质量好，价格低，大家都愿意买。
男：谢谢。那您以后多从我们这里进货吧！
问：根据对话，我们知道什么？

第 二 部 分

说明： 16～35 题，这部分试题中，你将听到几段对话或讲话。每段话之后，你将听到几个问题，听到问题后，请你在四个备选答案中选出唯一恰当的答案。

例如： 第 25～27 题，你听到：
男：请问，有包子吗？
女：有。刚做好的，都是热的。
男：怎么卖？
女：五毛钱一个。您要几个？
男：给我来两个。
女：好的。收您十块钱，找您九块，请点一下。
男：谢谢。请问附近哪儿有卖报纸的？
女：前面路口向右拐有一家邮局，邮局里就有。
男：太好了，谢谢。
女：不客气。
第三个人根据这段对话提出三个问题：
25．问：男的正在做什么？
你在试卷上看到四个答案：
A 问路　B 取钱　C 买东西　D 吃包子

> 根据对话，第 25 题唯一恰当的答案是 C，你应该在答题卡上找到号码 25，在字母 C 上画一横道。横道一定要画得粗一些，重一些。
>
> 25 [A]　[B]　[redacted]　[D]
>
> ……
>
> 你又听到：
>
> 27. 男的打算去做什么？
>
> 你在试卷上看到四个答案：
>
> A 买邮票　B 打电话　C 取包裹　D 买报纸
>
> 根据对话，第 27 题唯一恰当的答案是 D，你应该在答题卡上找到号码 27，在字母 D 上画一横道。横道一定要画得粗一些，重一些。
>
> 27 [A]　[B]　[C]　[redacted]
>
> 好，请大家准备好，现在开始做第 16 到 17 题。

16 到 17 题是根据下面一段对话：

男：几年没见到你了，来北京出差吗？
女：我在北京一家房地产公司工作。
男：什么时候来的？我以为你还在青海工作呢。
女：我都来一年多了。
男：是吗？北京又多了一个同学。
女：就是，下次聚会时，别忘了叫上我。
男：没问题，聚会时，在天津、河北工作的都能来。
女：太好了！

16. 问：男的在哪儿工作？
17. 问：说话人最可能是什么关系？

18 到 19 题是根据下面一段对话：

女：弟弟，咱俩骑车去爷爷家吧！
男：不行啊，我今天得去趟学校。
女：今天可是星期六啊！
男：我知道。我们学校今天有个活动，我盼了好长时间了。
女：什么活动让你这么感兴趣？
男：机器人大赛。
女：怪不得，你从小就喜欢机器人。
男：是啊。姐，今天你自己去爷爷家吧。

18. 问：女的希望男的今天做什么？
19. 问：男的对什么感兴趣？

20 到 22 题是根据下面一段对话：

女：这么早就放学了？
男：下午没去学校。
女：没去学校？怎么了？
男：上午考完最后一科，老师要改卷，我们放两天假。
女：哦，这样啊！怎么没听你说考试的事呢？
男：老师说了，学习是自己的事，别让家长太操心。
女：嗯，老师说得对！我们小时候，父母工作很忙，学习上都靠自己。
男：您和爸爸工作也很忙，不用为我的学习操心，我自己能行。
女：你真是妈妈的好孩子！

20. 问：男的为什么下午没去学校？
21. 问：关于女的，我们知道什么？
22. 问：关于学习，男的是怎么想的？

23 到 25 题是根据下面一段话：

我很喜欢下棋，但水平不是很高。这天中午，我拿出了一副新买的象棋，和同桌刘明下起来。正下得难解难分，我们班的象棋高手小林走过我们的桌旁，恰好我刚走完一步棋，小林回头一看，说："好棋呀！"我听了不禁心中暗喜：能得到高手的赞扬，难道我的棋艺水平又提高了？可这步棋的精妙之处到底在哪儿我还真没看出来，想问问小林，又不好意思。我正犹豫呢，只见小林拿起一颗棋子先开口了："选料上乘，雕刻精致，真是一副好象棋呀！"

23. 问：关于说话人，我们知道什么？
24. 问：说话人为什么感到高兴？
25. 问：根据这段话，小林说"好棋"是什么意思？

26 到 28 题是根据下面一段话：

我们都有坐火车的经历，其实，把高铁抛开不谈，其他快车和慢车跑起来的速度是差不多的，只是中途停车的次数和长短不同。求学也是这样。有的同

学是每星期一小站，好好儿放松一下；每学期一大站，痛痛快快地玩儿个够；初中升入高中，高中升入大学，更是人生的大站，不玩儿他个天昏地暗不算完。结果，他们就成了“慢车”。你有现在的成绩，不是因为你这辆车跑得比别人快，而是因为你是一辆“快车”——靠站少，停车时间短，一直往前跑。今后的人生路上，是继续当一辆“快车”呢，还是改为“慢车”呢？就看你自己了！“快车”虽然舍弃了一些景观，但可以快速到达终点。如果处处都想仔细游览，结果一定会变成“慢车”。

26．问：根据这段话，快车和慢车在哪方面差不多？

27．问：根据这段话，学习成绩不好是怎么造成的？

28．问：根据这段话，人生路上的“快车”指的是什么？

29 到 31 题是根据下面一段话：

前天晚上，我急用一些文具，便像以前一样直奔街头那家小店而去。走到店门口，我看到里头站满了人，多是陪着孩子来买书皮的家长。那天是返校日，许多学生都有这一天到文具店里买书皮的习惯。我在门口等着，想等里头的人出来些我再进去。

这家店开了十几年，搬过好几个地方，但总是不出附近三条街的范围。店面有时大有时小，但店里的东西总是那么耐用，让人放心。

店里的人稍微少些了，我进去拿了自己惯用的笔和本子，向老板报了会员卡的号码。老板笑着说：“就这个你倒是记得挺牢的！”我笑了笑，是啊，就这么 3 个数字，一年顶多报个两三次，却十几年来不曾忘记过。那店主当年还是个十几岁的少年，如今也成了三十出头的大叔。他的父母也都老了，倒还是在店里忙活着。

一家店，尽管店的位置变，店里头的样子变，店里的人变，但要是那守店的人心里的东西不变，那么这家店一直都在这里，哪儿都不会去。

29．问：说话人去店里买什么？

30．问：关于店主，我们知道什么？

31．问：根据这段话，这家店的什么没有变？

32 到 35 题是根据下面一段话：

有一户人家，用水要到附近的一条小河里去挑。男主人每天都去挑一担水，但他的两个水桶里都只有半桶水。一天，一个过路人问他为什么不把桶装满，这么远跑一趟却只装那么少的水，有些不划算。

男主人没说什么，只是让过路人自己来试试。

过路人装满了两桶水，满怀信心地上路了。一开始他觉得很轻松，可是走到一半他就气喘吁吁了，脚步也不稳了，桶里的水不断地洒出来。眼看就要到男主人的家了，过路人脚下不稳，摔倒在地。桶里的水洒了不说，连他的膝盖也摔伤了。这时，过路人一下子明白男主人为什么不把水桶装满了。

凡事要尽力而为，也要量力而行。当我们还没有能力完成大的目标时，先实现我们力所能及的小目标，这样一步一步地前进，才能达到我们的目的。

32．问：男主人每次挑多少水？

33．问：过路人刚挑上水时怎么样？

34．问：过路人挑水的结果怎么样？

35．问：这段话主要想告诉我们什么道理？

听力理解考试到此结束。

模拟试卷（五）

第一部分

说明：1～15题，这部分试题，都是两个人的简短对话，第三个人根据对话提出一个问题，听到问题后，请你在四个备选答案中选出唯一恰当的答案。

例如：第8题，你听到：

男：小兰，你刚才去邮局订杂志，怎么没把今天的晚报买回来？

女：晚报都卖完了。

第三个人问：小兰刚才干什么去了？

你在试卷上看到四个答案：

A 寄信　B 订杂志　C 卖报纸　D 买邮票

根据对话，第8题最恰当的答案是B，你应在答题卡上找到号码8，在字母B上画一横道。横道一定要画得粗一些，重一些。

8 [A] ▬ [C] [D]

一段对话或一段简短讲话的答题形式跟上面的例题相同。好，请大家准备好，现在开始做第1题。

1. 女：我这么年轻，能有什么大病？回家休息几天就好了。
　男：知道你身体好，但你还是去门诊挂号吧，查了就放心了。我帮你请假。
　问：男的建议女的做什么？

2. 女：爸爸，我期中考试没考好，心里特别难受。
　男：没关系，还有期末呢。
　问：男的是什么意思？

3. 男：粉色是今年的流行色，你也买一件粉色的衣服吧。
　女：我不买，穿不了几次，明年满大街就都是别的颜色了。
　问：男的为什么让女的买粉色衣服？

4. 女：张波这孩子哪儿都好，就是不敢当着全班同学讲话。
　男：他才上初二，再锻炼锻炼胆子就大了。
　问：关于张波，我们知道什么？

5. 女：这不是小强吗？你怎么在这儿呢？
　男：我放寒假了，报了一个武术班，刚训练完，正准备坐车回家。
　问：男的接下来要做什么？

6. 女：王玲学习总是那么认真，不管是算数学题还是写作文，从来不马虎。
　男：她做值日也是一样。
　问：男的认为王玲怎么样？

7. 男：你喜欢看足球吗？
　女：跟你一样，特别喜欢国际比赛。
　问：女的是什么意思？

8. 女：这两种药得分开吃。如果一个星期以后还咳嗽，咱俩再到这儿来。
　男：希望别再来了。
　问：男的为什么不想再来了？

9. 女：听说阿布从马上摔下来了，所以好几天没来上学了。
　男：是啊，我在商店遇见了他哥哥，说他在家休息呢。
　问：根据对话，阿布现在在哪里？

10. 男：张伟每次来北京都到我家来。
　女：那当然，咱们班谁不知道你俩关系最好。
　问：说话人最可能是什么关系？

11. 女：你每天跟三四岁的小孩子打交道，教他们跳舞，有没有烦的时候？
　男：没有，我觉得乐趣特别多。
　问：男的每天心情怎么样？

12. 男：还有很多作业没写完呢，怎么就开学了？
　女：你要是不看电视、不上网，早就写完了。
　问：女的是什么语气？

13. 女：我以后再也不给你打电话了。
　男：姐，你别说气话了，怎么可能呢？
　问：男的是什么意思？

14．男：你知道人是靠什么长高的吗？我给你讲讲。
女：算了吧，不想知道。我只知道我是长不高了。
问：女的是什么意思？

15．女：你看，斯琴穿上自己民族的服装以后，整个人都不一样了。
男：是啊，显出了蒙古族女孩儿特有的精神劲儿。
问：根据对话，我们知道什么？

第二部分

说明：16 ～ 35 题，这部分试题中，你将听到几段对话或讲话。每段话之后，你将听到几个问题，听到问题后，请你在四个备选答案中选出唯一恰当的答案。

例如：第 25 ～ 27 题，你听到：

男：请问，有包子吗？
女：有。刚做好的，都是热的。
男：怎么卖？
女：五毛钱一个。您要几个？
男：给我来两个。
女：好的。收您十块钱，找您九块，请点一下。
男：谢谢。请问附近哪儿有卖报纸的？
女：前面路口向右拐有一家邮局，邮局里就有。
男：太好了，谢谢。
女：不客气。

第三个人根据这段对话提出三个问题：

25．问：男的正在做什么？
你在试卷上看到四个答案：
A 问路　B 取钱　C 买东西　D 吃包子
根据对话，第 25 题唯一恰当的答案是 C，你应该在答题卡上找到号码 25，在字母 C 上画一横道。横道一定要画得粗一些，重一些。
25 [A]　[B]　■　[D]
……
你又听到：

27．男的打算去做什么？
你在试卷上看到四个答案：
A 买邮票　B 打电话　C 取包裹　D 买报纸
根据对话，第 27 题唯一恰当的答案是 D，你应该在答题卡上找到号码 27，在字母 D 上画一横道。横道一定要画得粗一些，重一些。
27 [A]　[B]　[C]　■
好，请大家准备好，现在开始做第 16 到 17 题。

16 到 17 题是根据下面一段对话：

男：周六我们去看电影吧。
女：最近有什么好电影吗？
男：有啊，《战狼 2》上映了，据说很好看。
女：嗯，我也想看，可是……
男：可是什么呢？你不会又说要学习吧？
女：还真是要学习，我报了一个英语补习班，每周六上课。
男：那我们周日看可以吗？我买票。
女：好啊！我们周日一起看电影。

16．问：女的周六要做什么？
17．问：根据对话，我们知道什么？

18 到 19 题是根据下面一段对话：

女：我们商量一下去武汉的事吧。
男：春节才去，还早呢。
女：得提前订票，现在开始订春节期间的票了，晚了就买不到了。
男：这么紧张啊，那我们就初三去吧，初四、初五待两天，初六回来。
女：坐飞机，还是坐高铁？
男：坐高铁多长时间呢？
女：五个半小时左右，坐着比较累。飞机大概一个半小时。
男：没事，就坐高铁吧，去火车站也方便。

18．问：说话人决定什么时候去武汉？
19．问：说话人打算怎么去武汉？

20 到 22 题是根据下面一段对话：

女：放学了，一起走吧。

男：你先走吧，我得去学生会。

女：学生会要组织什么活动吗？

男：不是，是我写的一篇稿子明天要用，我再去检查一遍。

女：是采访爱心社的那篇吗？

男：是的，这个爱心社已经成立十几年了，参加的人越来越多。

女：他们主要做些什么事呢？

男：组织学生、老师捐献图书、学习用品等，不定期地寄给边远山区的学校。

女：嗯，这是大好事。你去吧，我先走了。

男：好，再见。

20．问：男的为什么不跟女的一起走？

21．问：关于男的，我们知道什么？

22．问：女的认为什么事情是好事？

23 到 25 题是根据下面一段话：

一天，王大姐见同事小崔一脸不开心的样子，便打趣地问道："小崔，什么事让你这么不开心啊？"小崔不知从何说起，叹了一口气。王大姐问："你以前上班骑自行车吧？"小崔说："骑，刮大风都骑。"王大姐又问："挣的钱也没有现在多吧？""那当然。"小崔回答。王大姐听后笑了，一脸的阳光，对小崔说："好日子过着，还有什么不快乐的？"王大姐的这句话，说得小崔一下子轻松起来，烦恼消失了大半。

一个聪明人，如果他是悲伤的，总会找出足够的使自已悲伤的原因；如果他是快乐的，也会找到足够的快乐的原因。所以，当我们遇到一些烦心事时，也应该像王大姐开导小崔那样，换一个角度去寻找快乐。

23．问：关于小崔，我们知道什么？

24．问：王大姐对生活的态度是怎样的？

25．问：这段话主要想告诉我们什么道理？

26 到 28 题是根据下面一段话：

顾恺之很小的时候，母亲就去世了，稍长大一点儿，他每天缠着父亲问母亲长什么样儿。父亲被儿子的情思所感动，便非常详细地叙述了顾恺之母亲的外表和穿衣风格。顾恺之把这一切都牢牢地记在自己的脑海里。8 岁那年，他忽然向父亲要笔墨，说要给母亲画张像。父亲说："你连母亲的样儿都没见过，怎么画呢？"小恺之说："我就凭您说的画，一天画不像画两天，两天画不像画三天，一定要到画像了为止。"

于是，顾恺之每天都精心作画，画好了就给父亲看，看了以后再改。

渐渐地，顾恺之的画儿居然和母亲有几分相像了，就是眼睛画不好。他继续用心琢磨，一年过去了，两年过去了，这天，顾恺之把再次画成的母亲像给父亲看，父亲竟然看呆了，说："像，像，太像了，眼睛特别像啊！"

26．问：顾恺之是怎么知道母亲长什么样儿的？

27．问：顾恺之几岁时画母亲的像成功了？

28．问：父亲认为顾恺之画的母亲哪里最像？

29 到 31 题是根据下面一段话：

毛毛快 4 岁了，可还分不清东南西北，左和右也搞不清楚。

这天吃过晚饭，毛毛的妈妈决定给他补上这一课。于是以房间为例，教他学习了东南西北；又以毛毛的四肢为例，教他学习了左和右。教了几遍，又考了几遍，毛毛总算记住了。妈妈很高兴。

周末，妈妈把毛毛从幼儿园接回来，想起那天教方位词，不知他还记不记得，便叫过儿子来问："毛毛，妈妈问你，你的左腿是哪个？"毛毛拍拍左腿："这个。""右腿是哪个？"毛毛又拍拍右腿："这个。"妈妈高兴地把儿子搂过来，使劲地亲了他一下："我儿子真聪明。"毛毛也兴奋起来，举起两只小手说："妈妈，我还知道这是东手，这是西手。"

29．问：关于毛毛，我们知道什么？

30．问：周末测验毛毛时，妈妈为什么很高兴？

31．问：毛毛最终学会了什么？

32 到 35 题是根据下面一段话：

有位孤独的老人，无儿无女，又体弱多病，他决定搬到养老院去。老人宣布出售他漂亮的住宅。人们听说后，像潮水一样涌来。住宅底价 80 万元，但人们很快就把它炒到了 100 万元。价钱还在不断攀升。老人深陷在沙发里，满目忧郁，是的，要是有人照顾他，他是不会卖掉这栋陪他度过大半生的住宅的。

一个穿着朴素衣服的青年来到老人面前，弯下腰，低声说："先生，我也很想买这栋住宅，可我只有10万元。可是，如果您把住宅卖给我，我保证会让您继续生活在这里，和我一起喝茶、读报、散步，天天都快快乐乐的——相信我，我会用整颗心来照顾您！"

老人笑了，把住宅以10万元的价钱卖给了他。

32. 问：老人为什么要卖掉住宅？

33. 问：老人的住宅最高价炒到多少？

34. 问：老人为什么把住宅卖给那个青年？

35. 问：这段话主要想告诉我们什么道理？

听力理解考试到此结束。

模拟试卷（六）

第 一 部 分

说明： 1～15题，这部分试题，都是两个人的简短对话，第三个人根据对话提出一个问题，听到问题后，请你在四个备选答案中选出唯一恰当的答案。

例如： 第8题，你听到：

男：小兰，你刚才去邮局订杂志，怎么没把今天的晚报买回来？

女：晚报都卖完了。

第三个人问：小兰刚才干什么去了？

你在试卷上看到四个答案：

A 寄信　　B 订杂志　　C 卖报纸　　D 买邮票

根据对话，第8题最恰当的答案是B，你应在答题卡上找到号码8，在字母B上画一横道。横道一定要画得粗一些，重一些。

8 [A]　■　[C]　[D]

一段对话或一段简短讲话的答题形式跟上面的例题相同。好，请大家准备好，现在开始做第1题。

1. 女：老师说哪天开运动会了吗？
   男：还没说，但我看操场上已经有人开始练习了。
   问：说话人最可能是什么关系？

2. 女：明天我要先打扫房间、洗衣服，然后去买点儿东西。
   男：怎么就不听你说准备学习呀？
   问：男的希望女的做什么？

3. 女：王东说明天要降温，你多加点儿衣服吧。
   男：你还真信他的话啊？
   问：男的是什么意思？

4. 男：明天我的眼镜就配好了，咱俩一起去取吧。
女：行，不过今天放了学你得陪我去书店。
问：对话最可能发生在哪里？

5. 女：你和刘军在一起吗？我和王红去找你们俩，然后咱们一起去帮老师整理图书，怎么样？
男：不行啊，我的作文还没写完呢。
问：女的最可能和谁在一起？

6. 男：今天我做了两台手术，时间都挺长的，感觉有点儿累。
女：那就别写文章了，好好儿休息休息。
问：男的最可能是做什么的？

7. 女：我经常一边洗衣服，一边听广播。
男：这样做可以有效利用时间，要坚持啊！
问：男的是什么态度？

8. 男：今天怎么起这么早？太阳从西边出来了？
女：不早起不行，火车不等我呀！
问：根据对话，我们知道什么？

9. 男：你还在等琳琳？我看她不会来了。
女：我认识她这么多年，她一直说话算数。
问：女的认为琳琳怎么样？

10. 女：这盆红色的花真好看，还特别香。
男：太香了，闻久了会让人头晕，不适合放在教室里，还是买这盆多肉植物吧。
问：说话人在买什么？

11. 女：你还穿这套衣服呢？早就过时了。
男：只要我喜欢，穿着又舒服，管他过时不过时！
问：男的是什么意思？

12. 女：请问，我前天送去的相机修好了吗？
男：稍等，我查一下。修好了，您随时可以来取。
问：说话人最可能在做什么？

13. 女：我已经跟网友约好了，八点钟见。
男：见什么见！你就在家待着吧！
问：男的是什么意思？

14. 男：我最喜欢在家宅着了，经常一整天都不出门。
女：这个习惯可不好，应该多出门运动运动，呼吸呼吸新鲜空气。
问：男的有什么习惯？

15. 女：你这样一会儿开一会儿关的，对电脑不好。
男：好吧，我晚上再开。
问：女的对电脑是什么态度？

第二部分

说明：16 ～ 35 题，这部分试题中，你将听到几段对话或讲话。每段话之后，你将听到几个问题，听到问题后，请你在四个备选答案中选出唯一恰当的答案。

例如：第 25 ～ 27 题，你听到：
男：请问，有包子吗？
女：有。刚做好的，都是热的。
男：怎么卖？
女：五毛钱一个。您要几个？
男：给我来两个。
女：好的。收您十块钱，找您九块，请点一下。
男：谢谢。请问附近哪儿有卖报纸的？
女：前面路口向右拐有一家邮局，邮局里就有。
男：太好了，谢谢。
女：不客气。
第三个人根据这段对话提出三个问题：
25. 问：男的正在做什么？
你在试卷上看到四个答案：
A 问路　B 取钱　C 买东西　D 吃包子
根据对话，第 25 题唯一恰当的答案是 C，你应该在答题卡上找到号码 25，在字母 C 上画一横道。横道一定要画得粗一些，重一些。

25 [A]　　[B]　　■　　[D]

……

你又听到：

27. 男的打算去做什么？

你在试卷上看到四个答案：

A 买邮票　　B 打电话　　C 取包裹　　D 买报纸

根据对话，第 27 题唯一恰当的答案是 D，你应该在答题卡上找到号码 27，在字母 D 上面画一横道。横道一定要画得粗一些，重一些。

27 [A]　　[B]　　[C]　　■

好，请大家准备好，现在开始做第 16 到 17 题。

16 到 17 题是根据下面一段对话：

男：天气预报说今天夜间有五到六级偏北风，明天要降温了。

女：太好了，终于刮风了。

男：你还盼着刮风啊，不怕冷吗？

女：冷可以多穿点儿衣服，可是有雾太难受了。

男：那倒是，晴朗的天空看着心里就舒服。

女：不单单影响心情，还影响我的健身大计。

男：是啊，天气不好只能尽量减少户外活动。

女：所以说，快刮风吧。

16. 问：根据对话，男的喜欢什么样的天气？

17. 问：关于女的，我们知道什么？

18 到 19 题是根据下面一段对话：

女：李涛，你现在在哪儿？

男：我在学校附近的饭店吃早饭。

女：大概几点能吃完？

男：王老师，您有什么事吗？

女：咱俩昨天不就约好了吗？今天 7 点在学校门口见。

男：哎呀，真是对不起！我给忘了，马上就到 7 点了。

女：没事，你先吃饭，我等着你。

男：您等我一会儿，我这就过去。

18. 问：根据对话，男的在哪里？

19. 问：关于女的，我们知道什么？

20 到 22 题是根据下面一段对话：

女：我把椅子放好了，你踩上去吧，我给你扶着。

男：椅子上放凳子，这可够危险的呀！

女：就这么两块玻璃，擦完就行了，再说，我扶得稳着呢。

男：不行，我站到这上头还是擦不到最上面的玻璃。

女：你还是个子不够高，换我来吧。

男：算了，您要是不小心摔一下，我可没法跟我爸交代。

女：就会跟妈开玩笑。那你说怎么办？

男：我看，还是去隔壁王叔叔家借梯子吧。

女：行啊！还是你这年轻人脑子活。

20. 问：男的为什么擦不到最上面的玻璃？

21. 问：说话人是什么关系？

22. 问：说话人最后决定怎么办？

23 到 25 题是根据下面一段话：

曾有人做过一个实验：组织 3 组人，让他们先后走到 10 千米以外的一个村子。

第一组人不知道村庄的名字，也不知道路程有多远，只是跟着组长走。刚走了两三千米就有人叫苦，抱怨为什么要走这么远，什么时候才能走到。有人甚至坐在路边不愿走了，越往前走他们的情绪越差。

第二组人知道村庄的名字和路程，但他们只能凭经验估计用掉的时间和走过的距离。走到一半时，多数人都想知道已经走了多远，比较有经验的人说："大概一半了。"于是大家又簇拥着向前走。走到四分之三时，大家都觉得疲惫不堪，而路程似乎还很长。当有人说"快到了"时，大家才振作起来加快了步伐。

第三组人不仅知道村庄的名字、路程，而且路上每隔一千米就有一块里程碑。每缩短一千米，人群里就有一小阵的快乐。他们用歌声和笑声来消除疲劳，情绪一直很高涨，所以很快就到达了目的地。

23. 问：第一组成员表现得怎么样？

24. 问：第三组成员为什么情绪高涨？

25. 问：根据这段话，在路上用的时间最短的可能是哪一组？

26 到 28 题是根据下面一段话：

俄罗斯套娃最早的创意就是为了讨孩子们喜欢而做成的木头娃娃。孩子们都喜欢童话故事，于是故事里著名的人物、动物都被做成了娃娃。随着时间的推移，套娃形成了其特有的风格，大小不一的娃娃一个套着一个，让人更觉得有趣。从 14 世纪至今，最早起源于莫斯科南部古镇的套娃，由于世世代代的工人们雕刻和绘画技艺的提高，以及俄罗斯文化的积淀，受到了各国大朋友们的喜爱。渐渐地，套娃的素材也越来越丰富，除了童话人物外，历史人物、政府官员，甚至日常生活中的人物和事物都成为创作的对象。按照肚子里小娃娃个数的不同，套娃分成 5 件套、7 件套、12 件套、15 件套等。

26. 问：俄罗斯套娃是用什么材料做的？

27. 问：大人为什么喜欢俄罗斯套娃？

28. 问：关于俄罗斯套娃，下列哪一项正确？

29 到 31 题是根据下面一段话：

有个推销员经常出差，经常买不到对号入座的车票。可是无论长途短途，无论车上多挤，他总能找到座位。

他的办法其实很简单，就是耐心地一节车厢一节车厢找过去。这个办法听上去并不高明，却很管用。每次，他都做好了从第一节车厢走到最后一节车厢的思想准备，可是每次他都用不着走到最后就会发现空位。

他说，这是因为像他这样坚持找座位的乘客实在不多。经常是在他落座的车厢里还有若干空位，而其他车厢的过道和车厢接头处却挤满了人。他说，大多数乘客轻易就被一两节车厢拥挤的表面现象迷惑了，不大细想在数十次停靠之中，蕴藏着不少提供座位的机会；即使想到了，他们也没有那份寻找的耐心。眼前那小小的立足之地很容易让大多数人满足，他们还担心万一找不到座位，回头连个好好儿站着的地方也没有了。

29. 问：这段话提到的交通工具最可能是什么？

30. 问：别的乘客为什么找不到座位？

31. 问：这段话主要想告诉我们什么道理？

32 到 35 题是根据下面一段话：

甄妮是个总爱低着头的小女孩儿，她一直觉得自己长得不够漂亮。有一天，她到商店去买了只绿色蝴蝶结，店主不断赞美她戴上蝴蝶结挺漂亮。甄妮虽然不信，但是挺高兴，不由得昂起了头，连出门时跟人撞了一下都没在意。

甄妮走进教室，迎面碰上了她的老师。老师爱抚地拍拍她的肩说：“甄妮，你昂起头来真美！”

那一天，她得到了许多人的赞美。她想，一定是蝴蝶结的功劳，可是在镜前一照，头上根本就没有蝴蝶结，大概是走出商店时跟人撞了一下弄丢了。

自信原本就是一种美丽，而很多人却因为太在意外表而失去了很多快乐。

32. 问：甄妮为什么爱低头？

33. 问：甄妮从商店出来时发生了什么？

34. 问：那一天，甄妮为什么得到了许多赞美？

35. 问：这段话主要想告诉我们什么道理？

听力理解考试到此结束。

模拟试卷（七）

第 一 部 分

说明：1～15 题，这部分试题，都是两个人的简短对话，第三个人根据对话提出一个问题，听到问题后，请你在四个备选答案中选出唯一恰当的答案。

例如：第 8 题，你听到：

男：小兰，你刚才去邮局订杂志，怎么没把今天的晚报买回来？

女：晚报都卖完了。

第三个人问：小兰刚才干什么去了？

你在试卷上看到四个答案：

A 寄信　　B 订杂志　　C 卖报纸　　D 买邮票

根据对话，第 8 题最恰当的答案是 B，你应在答题卡上找到号码 8，在字母 B 上画一横道。横道一定要画得粗一些，重一些。

8 [A]　　▬　　[C]　　[D]

一段对话或一段简短讲话的答题形式跟上面的例题相同。好，请大家准备好，现在开始做第 1 题。

1. 男：真是"一分汗水，一分收获"，这次考试我是全班第一名。
   女：你这次的确提高了很多。
   问：说话人最可能在谈论什么？

2. 男：你今天怎么打扮得这么漂亮啊？
   女：今天的晚会由我主持，平时哪有这心情？
   问：根据对话，女的平时怎么样？

3. 男：有什么需要我帮忙的？
   女：快出去，这里油烟大，你等着吃饭就行了。
   问：对话最可能发生在哪里？

4. 男：哎哟，我今天又忘了吃药了。
   女：你这孩子，医生给你一个星期的药，你能吃一个月。
   问：女的是什么意思？

5. 男：姐，你都走了快一个月了，什么时候回来呀？
   女：看你说的，半个月还不到呢。
   问：男的是什么心情？

6. 女：前面不要剪太短，后面打薄点儿就行了。
   男：知道了，请坐好。
   问：男的最可能是做什么的？

7. 女：爸，这么冷的天，您还出去散步啊？
   男：那当然，365 天，风雨不误。
   问：关于男的，我们知道什么？

8. 女：先别走，拿上眼镜，不然你什么都看不见。
   男：只要能听清楚就行，我最爱听小提琴演奏了。
   问：说话人最可能要去做什么？

9. 女：我想学医，将来当医生。
   男：医生治病救人，这个想法不错。
   问：男的是什么态度？

10. 男：看样子你今天心情挺好。
    女：是啊，我在同学家待了一天，吃饭，聊天儿，很开心。
    问：女的今天去哪儿了？

11. 女：今天外面太冷了，我不想出门。
    男：那怎么行啊？再不起床，我就给你们班主任打电话了！
    问：说话人最可能是什么关系？

12. 女：我去超市转了半天，空着手回来了。
    男：挺好啊，省钱了。
    问：根据对话，我们知道什么？

13. 女：你听我说，这次确实有特殊原因。
    男：我不管你什么原因，办事一定得讲信用！
    问：男的认为女的怎么样？

14．男：几年不说英语，都忘得差不多了。

女：我也把英语还给老师了。

问：女的是什么意思？

15．男：小孩儿的衣服怎么比大人的还贵呀？

女：说得是啊，这个问题我也没想明白。

问：女的是什么意思？

第二部分

说明：16～35题，这部分试题中，你将听到几段对话或讲话。每段话之后，你将听到几个问题，听到问题后，请你在四个备选答案中选出唯一恰当的答案。

例如：第25～27题，你听到：

男：请问，有包子吗？

女：有。刚做好的，都是热的。

男：怎么卖？

女：五毛钱一个。您要几个？

男：给我来两个。

女：好的。收您十块钱，找您九块，请点一下。

男：谢谢。请问附近哪儿有卖报纸的？

女：前面路口向右拐有一家邮局，邮局里就有。

男：太好了，谢谢。

女：不客气。

第三个人根据这段对话提出三个问题：

25．问：男的正在做什么？

你在试卷上看到四个答案：

A 问路　B 取钱　C 买东西　D 吃包子

根据对话，第25题唯一恰当的答案是C，你应该在答题卡上找到号码25，在字母C上画一横道。横道一定要画得粗一些，重一些。

25 [A]　[B]　■　[D]

……

你又听到：

27．男的打算去做什么？

你在试卷上看到四个答案：

A 买邮票　B 打电话　C 取包裹　D 买报纸

根据对话，第27题唯一恰当的答案是D，你应该在答题卡上找到号码27，在字母D上画一横道。横道一定要画得粗一些，重一些。

27 [A]　[B]　[C]　■

好，请大家准备好，现在开始做第16到17题。

16到17题是根据下面一段对话：

女：弟弟，明天能陪我去逛商场吗？

男：可以倒是可以。但你选件衣服太费劲了，我都没兴趣了。

女：喜欢的衣服太贵，便宜的又看不上。

男：管它多少钱呢，喜欢就买呗，又不是天天买衣服。

女：话是这么说，但太贵总觉得不值。

男：那就看你怎么想了，喜欢的衣服就爱穿，经常穿也就值了。

女：再好的衣服也不能经常穿啊。

男：好吧，我没办法说服你，明天就当陪你散步吧。

16．问：女的买衣服的原则是什么？

17．问：关于明天，男的是怎么想的？

18到19题是根据下面一段对话：

男：姑姑，最近怎么样啊，待得习惯吗？

女：吃的方面倒没什么，就是对南方的气候有点儿不适应。

男：嗯，南方的夏天应该比咱家这边热多了。

女：其实差不多，现在北方夏天温度也挺高。

男：那你说的不适应，是指哪方面呢？

女：经常下雨，房间潮湿，睡眠不好。

男：那你就早点儿回来吧。

女：不行啊，工作还没完成呢。

18．问：根据对话，南北方夏季有什么不同？

19．问：女的去南方做什么？

20 到 22 题是根据下面一段对话：

男：听说你回来了，什么时候来学校？我请你吃饭。

女：我打算周五到学校看望班主任刘老师。

男：太好了！我 5 点下课，你记得联系我啊。

女：好的，半年没见你了，见面好好儿聊聊。

男：是啊，我有好多话要跟你说呢。

女：时间过得真快，再有半年，我的交流生生活就结束了。

男：我真佩服你，让我在外地待一年，我可能待不住。

女：其实很有趣，我在那儿学到了很多新知识，周五跟你细说。

20．问：根据对话，女的周五会先做什么？

21．问：女的总共要在外地待多长时间？

22．问：女的在外地的状态怎么样？

23 到 25 题是根据下面一段话：

林肯刚刚登上政治舞台时，非常不自信，人多的时候他甚至不敢开口。他第一次面对群众讲话时，脸色发白，膝盖颤抖，仿佛随时都有昏倒的可能。但他并没有被这种恐惧压倒。他知道，自己不能靠咬紧牙关就完成一次长篇讲话。聪明的他决定从逐步培养自信心入手。

他第一次在全国各地展开巡回演讲的时候，一开始只做一些简短的讲话。这样，他就不至于太紧张，就能够尽量轻松地表达自己的想法。这一方法的确很管用。这些小小的成功积累起来，增强了他的自信心，到这次巡回演讲快结束时，他已经可以连续讲半小时也不觉得吃力了。后来，公共演讲成了林肯非常擅长的一件事。

林肯的故事告诉我们：先从容易的事情做起，让一次次的小成功增强自己的自信，由此，我们就会把自信养成一种习惯。

23．问：林肯第一次在群众面前讲话时表现怎样？

24．问：进行第一次巡回演讲时，简短的讲话给林肯带来了什么？

25．问：这段话主要想告诉我们什么？

26 到 28 题是根据下面一段话：

地理老师把一幅世界河流分布图挂在黑板上，问：“同学们，这幅图上的河流有什么特点呢？”同学们回答：“都不是直线，而是弯弯的曲线。”老师继续问：“为什么会这样呢？河流为什么不走直路，偏偏要走弯路呢？”

同学们七嘴八舌地议论开了。有的说，弯路拉长了河流的流程，河流因此拥有更大的流量，当洪水来临时，河流就不会水满为患了；还有的说，由于流程拉长，单个河段的流量就相对减少，河水对河床的冲击力也随之减弱，这就起到了保护河床的作用……

老师说：“同学们，你们说得都对。但在我看来，河流不走直路而走弯路，最根本的原因就是，走弯路是自然界的一种常态，走直路则是不正常的。河流在前进的过程中，会遇到各种各样的障碍，有些障碍是无法越过的。所以，它只有取弯路，绕道而行。也正因为走弯路，它才避开了一道道障碍，最终抵达遥远的大海。同学们，人生也是如此，当你遇到挫折时，不要悲观失望，要把走弯路看成前进的另一种形式，这样你才能到达梦想的远方。”

26．问：根据这段话，世界河流分布图在哪里？

27．问：老师认为河流走弯路的根本原因是什么？

28．问：根据这段话，老师挂出河流图的目的是什么？

29 到 31 题是根据下面一段话：

我还不满 6 岁，就到邻村小学去读书。学校里只有一位老师，姓田。

开学第一天，田老师先给我们念一首小诗：

一去二三里，烟村四五家。
亭台六七座，八九十枝花。

念完，串讲一遍，然后编一段故事讲起来：

一个小孩儿，跟着妈妈去姥姥家，一口气走出二三里。路过一个村子，只有四五户人家，家家炊烟袅袅。娘儿俩走累了，看见路边有六七座亭子，就走过去歇脚。亭子外边，花开得正茂盛，小孩儿越看越喜爱，伸出手指头点数：“……八枝，九枝，十枝。”她想摘一朵戴在耳朵上，妈妈拦住了她，说：“你摘一枝，他摘一枝，后边歇脚的人就不能看景了。”后来，这里的花越开越多，变成了一座大花园……

田老师每讲一课，都要编一个生动的故事。我在田老师那里学习了 4 年，听了上千个故事。这些故事，有如点点春雨，滋润着我的心田。

29．问：说话人上学第一天学的是什么？

30．问：田老师讲课有什么特点？

31．问：在故事里，妈妈为什么不让小孩儿摘花？

32 到 35 题是根据下面一段话：

有一个青年画家由于水平不够高，生性又草率，画出来的画儿总是很难卖出去。他看到一位著名老画家的画儿很受大家欢迎，便登门求教。他问老画家："我画一幅画儿往往只用一天不到的时间，可为什么卖掉它却要等上整整一年？"

老画家深思了一会儿，对青年画家说："请倒过来试试。"青年画家不解地问："倒过来？"老画家说："对，倒过来！要是你用一年的时间去画，那么，只要一天工夫就能卖掉它。"

最后，青年画家接受了老画家的忠告，回去以后，苦练基本功，广泛搜集资料，用了近一年时间画了一幅画儿，果然，不到一天就卖掉了。

请倒过来试试。当付出与得到不如预想的那么好时，我们是否也应该听听老画家的忠告？

32. 问：青年画家原来画一幅画儿大概需要多长时间？

33. 问：老画家说的"倒过来"是什么意思？

34. 问：在老画家看来，青年画家的画儿卖不出去的原因是什么？

35. 问：这段话主要想告诉我们什么道理？

听力理解考试到此结束。

模拟试卷（八）

第 一 部 分

说明：1 ～ 15 题，这部分试题，都是两个人的简短对话，第三个人根据对话提出一个问题，听到问题后，请你在四个备选答案中选出唯一恰当的答案。

例如：第 8 题，你听到：

男：小兰，你刚才去邮局订杂志，怎么没把今天的晚报买回来？

女：晚报都卖完了。

第三个人问：小兰刚才干什么去了？

你在试卷上看到四个答案：

A 寄信　　B 订杂志　　C 卖报纸　　D 买邮票

根据对话，第 8 题最恰当的答案是 B，你应在答题卡上找到号码 8，在字母 B 上画一横道。横道一定要画得粗一些，重一些。

8 [A]　■　[C]　[D]

一段对话或一段简短讲话的答题形式跟上面的例题相同。好，请大家准备好，现在开始做第 1 题。

1. 女：明天我休息，我和我哥陪您去爬香山吧。

男：好啊，两个孩子都陪我，真幸福啊！

问：说话人最可能是什么关系？

2. 女：我的数学和物理成绩都不太好，因为我对它们总是没什么兴趣。

男：我只知道你的语文成绩一直特别好，那英语呢？

问：根据对话，女的可能最喜欢哪门课？

3. 男：姐，我下个月要考试了，你帮我辅导辅导吧。

女：你最好跟着老师认真学。

问：女的是什么意思？

4．男：你最近皮肤很好，用的什么化妆品呀？
　　女：哪有什么特别的化妆品呀，心情好、睡得好是最重要的。
　　问：根据对话，我们知道什么？

5．女：你一个人在外面，不会照顾自己可怎么办啊？
　　男：我会照顾好自己的，您别惦记了。
　　问：女的是什么语气？

6．男：你中午去哪儿吃饭？
　　女：去食堂呗，还能去哪儿！
　　问：女的是什么意思？

7．女：哎呀，我喜欢的电视剧再过几分钟就开始了！
　　男：放心吧，这个节目马上结束，我会给你换台的。现在，先把你的书包收拾好。
　　问：男的最可能在做什么？

8．女：蛋糕、刀、盘子都拿了，就忘了拿蜡烛。
　　男：没事，我这就去拿。
　　问：男的要去拿什么？

9．女：今天玩儿了一天，计划都没完成。
　　男：你要是早晨的时候能想到这点就好了。
　　问：男的是什么态度？

10．女：我看上一件特别好看的羽绒服。
　　男：别买了，穿不了几天就春暖花开了。
　　问：现在最可能是什么季节？

11．男：老师太辛苦了，咱们不能总是让老师操心。
　　女：就是，以后咱俩不能再迟到了。
　　问：根据对话，我们知道什么？

12．女：我明天去医院，你陪我去吗？
　　男：陪。你别害怕，肯定跟以前一样，什么事都没有。
　　问：男的是什么意思？

13．男：我觉得，不会做没关系，抄别人的作业就不对了。
　　女：是啊。不会做的话，咱们可以多教几遍嘛。
　　问：说话人最可能是做什么的？

14．男：你来得匆忙，我也没顾上准备，就先吃点儿水果吧，中午咱们去外面吃。
　　女：不用，咱们都是老同学了，这么客气干什么。
　　问：对话最可能发生在哪里？

15．女：雨太大了，我真不想出门。
　　男：那就别去了，反正冰箱里还有吃的。
　　问：女的本来想去做什么？

第 二 部 分

说明：16 ～ 35 题，这部分试题中，你将听到几段对话或讲话。每段话之后，你将听到几个问题，听到问题后，请你在四个备选答案中选出唯一恰当的答案。

例如：第 25 ～ 27 题，你听到：
男：请问，有包子吗？
女：有。刚做好的，都是热的。
男：怎么卖？
女：五毛钱一个。您要几个？
男：给我来两个。
女：好的。收您十块钱，找您九块，请点一下。
男：谢谢。请问附近哪儿有卖报纸的？
女：前面路口向右拐有一家邮局，邮局里就有。
男：太好了，谢谢。
女：不客气。
第三个人根据这段对话提出三个问题：
25．问：男的正在做什么？
你在试卷上看到四个答案：
A 问路　B 取钱　C 买东西　D 吃包子

根据对话，第 25 题唯一恰当的答案是 C，你应该在答题卡上找到号码 25，在字母 C 上画一横道。横道一定要画得粗一些，重一些。

25 [A]　[B]　■　[D]

……

你又听到：

27. 男的打算去做什么？

你在试卷上看到四个答案：

A 买邮票　B 打电话　C 取包裹　D 买报纸

根据对话，第 27 题唯一恰当的答案是 D，你应该在答题卡上找到号码 27，在字母 D 上画一横道。横道一定要画得粗一些，重一些。

27 [A]　[B]　[C]　■

好，请大家准备好，现在开始做第 16 到 17 题。

16 到 17 题是根据下面一段对话：

男：我晚上要去游泳，早点儿吃饭吧。

女：好的，我也想早点儿吃饭，晚上好写论文。我现在就去买菜，你想吃什么？

男：都行，随便。

女：哪儿有“随便”这种菜呀，你说清楚我才好买。

男：你别再买茄子、土豆就行。

女：那我就买点儿鸡蛋和西红柿。

男：还有，别再买辣椒了。

女：好，我知道了。

16. 问：男的为什么希望早点儿吃饭？

17. 问：根据对话，晚上最可能吃什么？

18 到 19 题是根据下面一段对话：

男：喂？您好。

女：喂？是小明啊。你爸妈在家吗？

男：张阿姨啊，我爸妈还没回来呢。

女：他们去哪儿了？

男：去“红星”了，我妈要给我爸买条裤子。

女：几点能回来呀？

男：不知道呢，中午去的。

女：逛了这么长时间！

男：是啊，天都黑了。

18. 问：“红星”最可能是什么地方？

19. 问：根据对话，小明的爸妈出去多长时间了？

20 到 22 题是根据下面一段对话：

男：这个苹果真好吃，又甜又脆。

女：这次买的是新疆苹果。

男：我只知道新疆的葡萄、哈密瓜好吃，没想到苹果也这么好吃。

女：新疆是“水果之乡”嘛，好吃的水果太多了。

男：不只是水果，还有手抓饭、羊肉串，都特别好吃。

女：是啊，新疆的风景也特别美，生活在新疆真是太幸福了。

男：新疆真是个好地方，我一定要去一趟。

女：是值得去看看。我去过一次，都不想回来了。

20. 问：男的正在吃什么水果？

21. 问：为什么说新疆是“水果之乡”？

22. 问：关于男的，我们知道什么？

23 到 25 题是根据下面一段话：

火车马上就要开动了，一位乘客急匆匆地跑进车厢，一只脚不小心被门旁的扶手挡了一下，鞋子掉在了车门外。火车开动了，他没有犹豫，马上将另一只鞋子也脱下来，从窗口向刚才鞋掉的方向扔出去。

旁边的乘客不解地问他，为什么要把另一只鞋也丢掉。这位乘客说：“如果一个穷人正好从铁路旁经过，他就可以得到一双鞋，而不是一只鞋。这或许对他很有用。”

要随时随地想到那些需要关爱和帮助的人。如果每个人都能这样想、这样做，那么世界一定会像春天一样温暖。

23. 问：这位乘客的第一只鞋是怎么掉的？

24. 问：这位乘客为什么把另一只鞋扔到窗外？

25. 问：根据这段话，这位乘客是一个怎样的人？

26 到 28 题是根据下面一段话：

陶行知先生当校长的时候，有一天看到一名男生打别的同学，便将其制止并叫他立刻到校长办公室去。当陶先生回到办公室时，那个男生已经等在那里了。

陶先生掏出一颗糖递给他，说："这是奖励你的，因为你比我先到办公室。"接着，他又掏出一颗糖，说："这也是给你的，我不让你打同学，你立刻住手了，说明你尊重我。"男生犹豫着接过第二颗糖，陶先生又说："据我了解，你打同学是因为他欺负女生，这说明你很有正义感，我再奖励你一颗糖。"

这时，男生哭着说："校长，我错了，同学再不对，我也不能采取这种方式。"陶先生于是又掏出一颗糖，说："你已经认错了，我再奖励你一颗。我的糖发完了，我们的谈话也结束了。"

26. 问：陶行知先生叫那个男生到办公室的目的是什么？
27. 问：陶行知先生给男生第二颗糖的原因是什么？
28. 问：那个男生最后为什么哭了？

29 到 31 题是根据下面一段话：

清晨，打开窗户，微风夹着晨露扑面而来，顿时荡起让人神清气爽的清凉。一个人也要打开"窗户"，走出自己的世界，融入社会。

有一个故事，说的是一群猴子快乐地生活在一起，个个都活泼健康。后来，有人把其中一只猴子抓出来，单独放在一个地方。这只猴子离群以后，终日闷闷不乐，没多久就死掉了。人也是这样，不善于交流或许是一个缺点，但孤独却是一场灾难。一位作家曾经说过："精神是有呼吸的。"人，需要与社会交流沟通，否则，其结果就是那只离群的猴子。

人要打开"窗户"，最好的办法就是尝试一些新鲜事物，寻找新的朋友。你把快乐告诉朋友，你将得到双倍的快乐；你把忧愁向朋友诉说，你将减少一半忧愁。人，活的就是好心情，这种好心情要靠自己创造和培养。

29. 问：这个故事用离群的猴子比喻什么？
30. 问：根据这段话，人应该如何培养好心情？
31. 问：根据这段话，把快乐告诉朋友，你将得到什么？

32 到 35 题是根据下面一段话：

王丰收家的菜园里有块大石头，到菜园来的人一不小心就会踢到它，不是跌倒就是擦伤。

小时候，王丰收问爸爸："为什么不把那块讨厌的石头挖走？"爸爸回答："你爷爷那会儿，石头就在那里了。它那么大，一定在土里埋了很深，挖起来很麻烦，不如走路小心点儿。"

几十年过去了，王丰收老了，他的儿子结婚了。

有一天，王丰收的儿媳妇气愤地说："爸，菜园里的那块大石头，我越看越不顺眼，咱们把它搬走吧！"王丰收说："算了吧！如果能搬走，我小时候就搬走了，哪会让它留到现在啊？"儿媳妇心里非常不是滋味，因为那块石头不知让她跌倒了多少次。

一天早上，儿媳妇把一桶水倒在大石头四周。十几分钟以后，石头周围的泥土变软变松了。她准备挖上一天，可没想到，才用了几分钟就把石头挖起来了。

这块石头其实并没有想象中埋得那么深，大家都被它露出地面的外表给骗了。

32. 问：王丰收的爸爸怎么看待这块大石头？
33. 问：对那块大石头，王丰收做了什么？
34. 问：关于王丰收的儿媳妇，我们知道什么？
35. 问：这段话主要想告诉我们什么道理？

听力理解考试到此结束。

模拟试卷（九）

第一部分

说明：1～15题，这部分试题，都是两个人的简短对话，第三个人根据对话提出一个问题，听到问题后，请你在四个备选答案中选出唯一恰当的答案。

例如：第8题，你听到：

男：小兰，你刚才去邮局订杂志，怎么没把今天的晚报买回来？

女：晚报都卖完了。

第三个人问：小兰刚才干什么去了？

你在试卷上看到四个答案：

A 寄信　B 订杂志　C 卖报纸　D 买邮票

根据对话，第8题最恰当的答案是B，你应在答题卡上找到号码8，在字母B上画一横道。横道一定要画得粗一些，重一些。

8 [A] ■ [C] [D]

一段对话或一段简短讲话的答题形式跟上面的例题相同。好，请大家准备好，现在开始做第1题。

1. 女：师傅，还有半小时火车就开了，请您开快点儿。
   男：别着急，安全第一。
   问：对话最可能发生在哪里？

2. 男：您好，这是您点的红茶和蛋糕。小心烫，请慢用。
   女：好的，谢谢您。
   问：男的最可能是做什么的？

3. 女：杨老师，我们学生会约您写的那篇文章写好了吗？
   男：写好了。我正在看最后一遍。
   问：根据对话，我们知道什么？

4. 女：这几天我把一年的电视都看完了。
   男：什么节目这么吸引你呀？
   问：根据对话，我们知道什么？

5. 女：我们同学家都买车了，就咱家没有。
   男：人家那是离家远，家长接送方便，你上学才几步路啊？
   问：男的是什么意思？

6. 女：你这孩子最近怎么了？一天只吃两顿饭，还说不饿。
   男：您把每顿饭都做得那么好，我怎么会饿呢？
   问：关于男的，我们知道什么？

7. 女：我就爱看张峰打球，他的球投得真准。
   男：是啊，我要是也能投这么准多好啊！
   问：男的是什么语气？

8. 女：家里太冷了，冻得我都快受不了了。
   男：因为你太瘦了。你看，我就不觉得冷。
   问：根据对话，我们知道什么？

9. 女：你什么时候回来呀？我和妈妈都想你了。
   男：快了，明天我再去谈一个项目，后天就回去了。
   问：说话人最可能是什么关系？

10. 男：你缺哪种颜色的笔？这儿的笔颜色特别全，我帮你挑。
    女：我缺红的、黄的和蓝的。
    问：女的可能有哪种颜色的笔？

11. 女：等我老了没事干的时候，我就去旅游。
    男：照你这说法，我看不用等老了，你现在就能去。
    问：男的是什么意思？

12. 男：这家书店的环境挺好的，而且离你们学校很近，放学后咱们就来这儿买书吧。
    女：可是这里没有我喜欢的书，我还是想去路口那家。
    问：女的有什么想法？

13. 女：从明天起，我要努力学英语。
男：你当然应该学好英语，可你哪件事坚持过一个月啊？
问：男的认为女的怎么样？

14. 女：明天是国庆节，我们一起去广场看花展吧。
男：太好了！我早就想去了。
问：男的是什么态度？

15. 女：你会游泳吗？明天咱俩一起去吧。
男：放心吧，我水平肯定比你高。
问：男的是什么意思？

第 二 部 分

说明：16 ～ 35 题，这部分试题中，你将听到几段对话或讲话。每段话之后，你将听到几个问题，听到问题后，请你在四个备选答案中选出唯一恰当的答案。

例如：第 25 ～ 27 题，你听到：
男：请问，有包子吗？
女：有。刚做好的，都是热的。
男：怎么卖？
女：五毛钱一个。您要几个？
男：给我来两个。
女：好的。收您十块钱，找您九块，请点一下。
男：谢谢。请问附近哪儿有卖报纸的？
女：前面路口向右拐有一家邮局，邮局里就有。
男：太好了，谢谢。
女：不客气。
第三个人根据这段对话提出三个问题：
25. 问：男的正在做什么？
你在试卷上看到四个答案：
A 问路　　B 取钱　　C 买东西　　D 吃包子
根据对话，第 25 题唯一恰当的答案是 C，你应该在答题卡上找到号码 25，在字母 C 上画一横道。横道一定要画得粗一些，重一些。
25 [A]　　[B]　　[redacted]　　[D]
……
你又听到：
27. 男的打算去做什么？
你在试卷上看到四个答案：
A 买邮票　　B 打电话　　C 取包裹　　D 买报纸
根据对话，第 27 题唯一恰当的答案是 D，你应该在答题卡上找到号码 27，在字母 D 上画一横道。横道一定要画得粗一些，重一些。
27 [A]　　[B]　　[C]　　[redacted]
好，请大家准备好，现在开始做第 16 到 17 题。

16 到 17 题是根据下面一段对话：
男：今天准备做什么吃啊？
女：你看，我刚买的羊肉，家里还有胡萝卜，包饺子。
男：真的？我最爱吃你包的饺子了。
女：那我以后经常给你包饺子吃。
男：经常倒不用，两三个月能吃上一次就行。
女：唉，我这半年确实太忙了，真没时间包饺子。
男：你工作忙，还得买菜做饭，已经够辛苦的了。
女：你这么理解我，就帮我把葱切了吧！
16. 问：根据对话，女的刚买了什么？
17. 问：关于男的，我们知道什么？

18 到 19 题是根据下面一段对话：
女：喂？周老师，您好！我想问一下，考资格证什么时候报名？
男：报名时间是 12 月 24 日到 12 月 31 日。
女：什么时候考呢？有参考书吗？
男：明年 3 月份考。有考试大纲和一些复习资料。
女：我需要报辅导班吗？
男：认真看书就可以了。
女：知道了，谢谢老师。
男：不客气，好好儿准备吧。有什么问题明天见面说。

18. 问：女的正在做什么？

19. 问：男的建议女的做什么？

20 到 22 题是根据下面一段对话：

男：舞蹈班的学生今晚在大礼堂汇报演出，你想去看吗？

女：我最喜欢看舞蹈班的学生跳舞了，你有票吗？

男：我有两张票，你和周丽一起去吧。

女：你不去吗？

男：班主任让我们几个班干部放学后留下来开会，我去不了了。周丽应该没事吧？

女：她没事，我俩本来约好去图书馆的，还是改天吧，我这就告诉她。演出几点开始？

男：7 点开始。你 6 点找我拿票，15 分钟就能走到礼堂。

女：好的。非常感谢！

20. 问：今晚谁去看演出？

21. 问：关于周丽，我们知道什么？

22. 问：今晚的演出几点开始？

23 到 25 题是根据下面一段话：

今天坐飞机回家，我特意选了靠窗的位置。我一直都喜欢坐靠窗的位置，看看外面的蓝天白云，心情就会很愉快。

我刚找到位置坐下，一个小姑娘就跑到我面前，问："姐姐，你是一个人吗？"我点点头。她不好意思地说："我们三个小姐妹一起出来玩儿，但没有三个一排的位置了，只好分开坐。可是，我们好久没见了，有很多话想聊。不知道您能不能坐到前面一排？实在不好意思，给姐姐添麻烦了。"前面是个靠过道的位置，一般情况下是我最讨厌的位置，但这次我很痛快地答应了。小姑娘连连道谢："谢谢姐姐，您人真好！"

其实，我也曾多次拒绝别人，但我宁可自己不方便，也要答应这个小姑娘。因为她向我提要求时，用的是商量的语气，让我感受到了尊重。我觉得她是个有礼貌的人，我不会拒绝这样的人。

23. 问：说话人坐飞机时喜欢什么样的位置？

24. 问：小姑娘为什么要和说话人换座位？

25. 问：说话人答应小姑娘的原因是什么？

26 到 28 题是根据下面一段话：

每个家庭都有自己的规矩，我们家的家规很特别。

我们家的家规不是写在纸上、贴在墙上的，而是挂在嘴上的。我是个毛病多、记性差的孩子，如果身边没有人反复提醒的话，毛病很难改掉。"晶晶，你怎么还在看电视啊，作业做完了吗？"只要我哪里做得不好，耳边就会响起全家人的声音。在"口头家规"的帮助下，我逐渐养成了良好的生活习惯。

当然，我也可以给家人定规矩。妈妈不让我吃零食，可她总是禁不住诱惑。我亮出了小主人的身份，给妈妈定了一条规矩，就是：注意健康，少吃零食。就连平时很严肃的爸爸，我也能给他定家规。爸爸喜欢在休息时间上网，常常到深夜还开着电脑，一双明亮的眼睛变成了"熊猫眼"。于是我家的家规又多了一条：早睡早起，不熬夜。

26. 问：说话人家里的家规有什么特点？

27. 问：说话人给妈妈定的家规是什么？

28. 问：这段话主要讲了什么？

29 到 31 题是根据下面一段话：

安徒生小时候，家里只有一间小房子，破旧的床和椅子把这个小小的空间塞得满满的，没有给孩子留出多大的活动空间。但是，安徒生的父亲却把小房子布置得像个小博物馆，墙上挂着许多图画和做装饰用的瓷器，柜子里摆了一些玩具，书架上放满了书籍，就连门玻璃上也画了风景画……父亲常给小安徒生讲《一千零一夜》等古代的故事，有时还给他念一段剧本。这些书本中的故事让小安徒生有很多美好的幻想，他常常取出柜子里父亲雕刻的木偶，根据故事情节表演起来。父亲还鼓励小安徒生到街上去看各种各样的人，获得感性经验。

安徒生能够写出《卖火柴的小女孩儿》《丑小鸭》《看门人的儿子》等童话故事，同情穷人的苦难，批评坏人的贪心和残酷，都与他小时候的生活经历有密切联系。

29. 问：安徒生小时候住的房子怎么样？

30. 问：父亲鼓励小安徒生做什么？

31. 问：安徒生能写出优秀的童话故事，与什么有关？

32 到 35 题是根据下面一段话：

"百善孝为先"，意思是说，孝敬父母在各种美德中是排第一位的。一个人

如果连父母都不孝敬，就很难想象他会热爱祖国和人民。我们不仅要孝敬自己的父母，还应该尊敬别的老人，爱护年幼的孩子，让全社会形成尊老爱幼的好风气，这是我们新时代年轻人的责任。

子路，是春秋末期的鲁国人，也是孔子的弟子。子路小的时候家里很穷，长年靠吃粗粮和野菜填饱肚子。有一天，年老的父母想吃白米饭，可是家里一点儿米也没有。怎么办？子路想：要是翻过几座山到亲戚家借点儿米，不就可以满足父母的要求了吗？于是，子路翻山越岭走了很远的路，从亲戚家背回了一小袋米。看到父母吃上了香喷喷的白米饭，子路高兴得忘记了疲劳。邻居们都夸子路是一个勇敢、孝顺的好孩子。

32．问：根据这段话，美德中占第一位的是什么？

33．问：根据这段话，新时代的年轻人应该怎么做？

34．问：子路借米的目的是什么？

35．问：讲子路的故事主要是为了说明什么？

听力理解考试到此结束。

模拟试卷（十）

第 一 部 分

说明：1 ～ 15 题，这部分试题，都是两个人的简短对话，第三个人根据对话提出一个问题，听到问题后，请你在四个备选答案中选出唯一恰当的答案。

例如：第 8 题，你听到：

男：小兰，你刚才去邮局订杂志，怎么没把今天的晚报买回来？

女：晚报都卖完了。

第三个人问：小兰刚才干什么去了？

你在试卷上看到四个答案：

A 寄信　　B 订杂志　　C 卖报纸　　D 买邮票

根据对话，第 8 题最恰当的答案是 B，你应在答题卡上找到号码 8，在字母 B 上面画一横道。横道一定要画得粗一些，重一些。

8 [A]　■　[C]　[D]

一段对话或一段简短讲话的答题形式跟上面的例题相同。好，请大家准备好，现在开始做第 1 题。

1．男：公园里的树越来越多了。
　女：是啊，树多了，空气好了，鸟也多了。
　问：关于公园，我们知道什么？

2．男：云南是个山清水秀的地方，我们去那儿工作吧。
　女：是啊，北京的车和高楼太多了。
　问：关于说话人，我们知道什么？

3．男：每天喝一袋牛奶，身体就不缺钙了。
　女：从明天开始，我也补补。
　问：女的明天要做什么？

4．女：昨天我接到奶奶的电话，她说中秋节来咱们家。
男：看把你乐得，嘴都合不上了。
问：关于奶奶，我们知道什么？

5．女：新买的音箱啊？真好看！
男：还有比这个好看的，不过这一款声音最好听。
问：男的觉得音箱怎么样？

6．女：我跟你约好的事你不会忘了吧？
男：哪能呢？我还怕你忘了呢！
问：男的是什么意思？

7．男：放假的时候学校里真安静。
女：像咱俩这样不回家的比较少。
问：根据对话，我们知道什么？

8．男：图书馆对面新开了一家超市。
女：我去过了，连洗脸盆都没有。
问：关于超市，我们知道什么？

9．女：我吃了几片治感冒的药，感觉特别困。
男：那你就把电视关了，睡觉吧。
问：女的正在做什么？

10．男：今天温度这么低，你怎么穿着裙子？
女：要是出门前看看天气预报，我就不穿裙子了。
问：女的是什么语气？

11．女：你明天去看冰球比赛吧，我这儿有张票。
男：我明天想去姥姥家，您让我爸去吧。
问：明天谁可能去看冰球比赛？

12．女：我把同学的书弄丢了，不知怎么跟他说。
男：没关系，实话实说吧。
问：男的认为女的应该怎么做？

13．男：周围新盖的这几栋楼，一栋比一栋高。
女：是啊，把咱们家挡得一点儿阳光都见不到。
问：说话人最可能是什么关系？

14．女：在图书馆看书跟在家看书就是不一样，效果好多了。
男：我们以后常来吧。
问：说话人最可能在哪里？

15．男：这个人说起话来吞吞吐吐的，一点儿也不干脆。
女：他可能在担心什么吧。
问：男的是什么态度？

第 二 部 分

说明：16～35 题，这部分试题中，你将听到几段对话或讲话。每段话之后，你将听到几个问题，听到问题后，请你在四个备选答案中选出唯一恰当的答案。

例如：第 25～27 题，你听到：
男：请问，有包子吗？
女：有。刚做好的，都是热的。
男：怎么卖？
女：五毛钱一个。您要几个？
男：给我来两个。
女：好的。收您十块钱，找您九块，请点一下。
男：谢谢。请问附近哪儿有卖报纸的？
女：前面路口向右拐有一家邮局，邮局里就有。
男：太好了，谢谢。
女：不客气。
第三个人根据这段对话提出三个问题：
25．问：男的正在做什么？
你在试卷上看到四个答案：
A 问路　　B 取钱　　C 买东西　　D 吃包子
根据对话，第 25 题唯一恰当的答案是 C，你应该在答题卡上找到号码 25，在字母 C 上画一横道。横道一定要画得粗一些，重一些。
25 [A]　　[B]　　[■]　　[D]
……
你又听到：

27. 男的打算去做什么？

你在试卷上看到四个答案：

A 买邮票　　B 打电话　　C 取包裹　　D 买报纸

根据对话，第 27 题唯一恰当的答案是 D，你应该在答题卡上找到号码 27，在字母 D 上画一横道。横道一定要画得粗一些，重一些。

27 [A]　　[B]　　[C]　　■

好，请大家准备好，现在开始做第 16 到 17 题。

16 到 17 题是根据下面一段对话：

女：为什么大家都觉得你同桌张云特别好呢？

男：她遇到困难时，很少去麻烦别人。

女：一般人都不会轻易麻烦别人啊。

男：别人有了困难，只要张云知道，就会主动去帮助人家。

女：哦，能做到这一点的人就比较少了，我就做不到。

男：是啊。而且她从来不觉得这么做是吃亏。

女：她为什么能做到呢？

男：她跟我说，她母亲一直都是这样做的。

16. 问：大家觉得张云特别好的主要原因是什么？

17. 问：根据对话，张云受了谁的影响？

18 到 19 题是根据下面一段对话：

男：咱俩一起去报个英语班吧。

女：学校不是开英语课了吗？为什么还要报班？

男：我基础太差了，上课总是听不懂，再这样下去就被成绩好的落下了。

女：又要上课，又要上英语班，你不觉得累啊？

男：没关系，我身体好！

女：以我对你的了解，你可没有一件事能坚持到底的。

男：放心，这次我保证有毅力有决心。

女：看不出来，你还挺有干劲的。

男：必须的。我还想以后出国留学呢。

女：你说得跟真的似的。

18. 问：男的为什么想报英语班？

19. 问：女的是什么态度？

20 到 22 题是根据下面一段对话：

男：都说工人得有专门的技术，你也跟着凑热闹呢？

女：我不是凑热闹，现在大学生不少，但高级技术工人不多。我努力学技术，就是为了让自己更优秀一些。

男：什么高级低级，当个工人就好好儿干活儿呗。

女：可没这么简单。现在科学技术发展得越来越快，对工人的要求更高了。

男：普通工人收入低，高级的也好不到哪儿去吧？

女：那你就不了解了。现在是“技术在手，收入不愁”。

男：唉，我是没法“高级”了，老喽。

女：别总觉得自己岁数大。你有技术，50 岁；他没技术，20 岁。你俩竞争时，你说谁赢？

男：那我赶紧把自己的技术巩固巩固？

女：这话我爱听。

20. 问：根据对话，现在缺什么样的人才？

21. 问：女的认为，工人应该怎样做？

22. 问：根据对话，在竞争中什么最重要？

23 到 25 题是根据下面一段话：

有一天，8 岁的儿子放学回来，着急又神秘地对我说：“妈妈，我给你带馒头了。”他小心地解开那件天蓝色、有点儿脏的校服，里面是一个洁白的小馒头，包得那么完好、安稳，像一朵花里的蕊。

我很奇怪，问儿子馒头是从哪里来的。儿子兴奋地说：“我没吃早饭，专门留下来给你的。”“为什么想起留给妈妈呢？”“因为你问过我早饭好不好吃。”

我想起来了，我的确问过这个问题，因为我担心学校里的伙食，可儿子理解成了妈妈想吃。儿子非常重视我的这个“心愿”，并非常认真地把这个小馒头带到我手中。

“它是干净的，你看，下面垫了纸。”好像怕我嫌馒头脏，儿子赶紧解释。我弯下身子紧紧抱住儿子，说：“我知道，而且一定很好吃。”我的好孩子，这当然是世界上最好吃的馒头。

23．问：上学时，儿子在哪儿吃早饭？
24．问：儿子为什么给妈妈带馒头？
25．问：妈妈为什么认为这是世界上最好吃的馒头？

26 到 28 题是根据下面一段话：

有一位大学老师，上课从不带书，讲起课来却滔滔不绝。他引用书上的说法时，有学生偷偷拿出书对比，发现一字不错。于是大家都想，老师一定有很多藏书。

有一天，几个学生去老师家，发现书房里几乎没有书。学生们十分奇怪，问老师："您是怎么把书里的内容牢记于心的呢？"老师回答："我读书的方法跟你们不一样。你们是藏书，我是撕书。"学生们更奇怪了。老师接着说："藏书的人对书都有依赖思想，觉得需要时随时可以拿出来，正因如此，往往不认真读。而我正好相反，我知道当我想用书的时候，可能那本书并不在身边，或者我无法及时找到某本书的某一页。所以我每读新的一页时，都把它撕下来，随身带着，反复看，反复思考，直到完全消化吸收之后，我就把它烧掉。我烧掉的只是书的外形，而书的内容已经跟我融为一体。"

26．问：这位老师讲课时有什么特点？
27．问：这位老师的读书方法有什么特别之处？
28．问：这位老师读书追求怎样的效果？

29 到 31 题是根据下面一段话：

一位客人坐上了一辆出租车。这辆出租车里铺着羊毛地毯，前后座之间的玻璃隔板上镶着世界名画的复制品，车窗一尘不染。

客人对司机说："我还是第一次搭这么漂亮的出租车。"司机笑着回答："谢谢您的夸奖。"客人问："您是怎么想到装饰您的车的？"司机说："车不是我的，是公司的。几年前，我本来在公司做清洁工作，每辆出租车晚上回来时都像垃圾厂。地板上尽是烟头和垃圾，座位和车门把手上甚至有花生酱、口香糖之类的东西。我想，如果乘客坐进车里时，车里是干净的，那么，他一定会为下一位乘客着想，保持车里的整洁。当我开出租车以后，我就按照自己的想法把车收拾成了这样。每位乘客下车后，我都要查看一下，替下一位乘客把车收拾得干干净净。我的出租车回到公司时仍然是一尘不染。从开车到现在，客人也从来没让我失望过。"

29．问：这辆出租车有什么特点？
30．问：这位出租车司机原来是做什么的？
31．问：乘客们坐上这辆出租车，表现如何？

32 到 35 题是根据下面一段话：

父亲老了，脚步不再轻盈，身手也不再如从前那样矫健。记得小时候，父亲走路带风，做事干脆利索。每次干活儿，他早上出门一身干爽，中午回来就如同从水里捞出来的一样，拧一下衣服都能滴水。那时我家很穷，除了我们兄弟四个要读书外，还有奶奶需要我们照顾，母亲负责家务，全靠父亲一个人挣钱养家。父亲总是乐呵呵的，每次干活儿回来都能像变戏法似的，从这个口袋或那个口袋里掏出一些让人嘴馋的东西，比如山楂、梅子，消除我们兄弟几人的饥饿感。那时，我们不知道父亲是如何利用大家休息的时间满山头地寻找这些东西的。我们享受着带着父亲汗味儿的零食，似乎也忘记了生活的艰辛和无奈。记忆中，那些愉快的时光总是与父亲的汗味儿紧紧连在一起，任凭岁月流逝，永远留在记忆里。

32．问：父亲年轻时有什么特点？
33．问：说话人小时候，家里的生活靠谁来维持？
34．问：父亲的零食是从哪儿来的？
35．问：说话人认为，父亲的汗味儿代表着什么？

听力理解考试到此结束。

参 考 答 案

模拟试卷（一）

一、听力理解

1. B　2. A　3. C　4. B　5. A　6. B　7. A　8. D　9. C　10. A
11. C　12. D　13. D　14. D　15. B　16. A　17. B　18. A　19. C　20. C
21. C　22. B　23. C　24. D　25. A　26. D　27. B　28. B　29. C　30. D
31. C　32. B　33. A　34. C　35. B

二、阅读理解

36. C　37. B　38. C　39. B　40. B　41. D　42. D　43. A　44. C　45. B
46. D　47. A　48. C　49. B　50. C　51. D　52. D　53. B　54. A　55. A
56. B　57. B　58. A　59. B　60. D　61. B　62. C　63. A　64. A　65. C
66. B　67. D　68. A　69. B　70. B　71. A　72. A　73. D　74. B　75. A

三、书面表达

第一部分

76. C　77. B　78. B　79. B　80. C
81. 评比　82. 角度　83. 充分　84. 尊重　85. 争取

第二部分

【参考范文】

尊敬的实验中学校长：

您好！

我写这封信是为了感谢贵校初二年级的学生小明助人为乐的行为。我今年已经75岁了，子女都在外地工作，生活上有很多不方便的地方。小明是我的邻居，他知道了我的困难后，和班上的几个同学成立了学雷锋小组，每个周末都来给我打扫房间、买东西，帮了我不少忙。有了他们，我觉得生活更有意思了，心情也越来越好。我知道这些事情耽误了孩子们不少的课外学习和活动的时间，几次告诉他们以学习为重。然而，他们总是回答“这是应该的”，依然义务地来帮助我。孩子们这么小的年龄，就有这么高的觉悟，让我非常感动。我认为，这与他们的家庭以及学校的良好教育是分不开的。为此，我想表达我衷心的感谢：感谢小明和他的同学们无私的付出，同时也感谢学校培养了这么优秀、善良的学生！

此致

敬礼

王 ××

× 月 × 日

模拟试卷（二）

一、听力理解

1. A　2. B　3. B　4. C　5. C　6. D　7. A　8. B　9. C　10. B
11. A　12. C　13. B　14. D　15. D　16. A　17. B　18. B　19. C　20. A
21. A　22. B　23. B　24. B　25. A　26. B　27. B　28. C　29. C　30. B
31. B　32. D　33. C　34. C　35. C

二、阅读理解

36. C　37. B　38. A　39. D　40. C　41. A　42. B　43. A　44. C　45. D
46. A　47. B　48. D　49. C　50. B　51. D　52. C　53. C　54. C　55. B
56. B　57. A　58. D　59. C　60. B　61. B　62. D　63. D　64. B　65. D
66. C　67. A　68. B　69. C　70. D　71. A　72. A　73. B　74. C　75. A

三、书面表达

第一部分

76. A　77. B　78. C　79. B　80. D
81. 能源　82. 节省　83. 欢迎　84. 依靠　85. 危险

第二部分

【参考范文】

李东：

你好！作为同班同学，我有些话想跟你说一说。

我发现最近张山的心情不太好，不愿意和班上的同学交流，上课的时候注意力也不太集中，学习成绩下降了不少。你的学习成绩不错，又跟张山是同桌，我想，如果你尊重他，平等地对待他，并用你的优势去帮助他，他一定会非常感激的。家庭条件不是我们判断一个人好坏的标准，张山是从农村来的，家里的经济状况不好，也正因为如此，他才格外努力，珍惜每一分钟，这种刻苦的精神值得我们学习。我们的班级就像一个大家庭，老师是我们的家长，每一位同学都是我们的兄弟姐妹。只有我们互相帮助、互相关心，这个大家庭的每个成员才能一起进步。有一句话叫“授人玫瑰，手有余香”，我们帮助别人的同时，自己也在不断成长，不是吗？

真心希望我们这个班在团结、友爱中共同进步！

××

×月×日

模拟试卷（三）

一、听力理解

1. D　2. B　3. A　4. B　5. A　6. C　7. C　8. B　9. B　10. A
11. C　12. B　13. D　14. C　15. B　16. B　17. A　18. C　19. B　20. A
21. C　22. B　23. D　24. C　25. B　26. C　27. B　28. A　29. C　30. B
31. D　32. B　33. C　34. C　35. D

二、阅读理解

36. B　37. B　38. C　39. A　40. B　41. D　42. C　43. A　44. B　45. D
46. A　47. B　48. A　49. D　50. C　51. C　52. B　53. B　54. A　55. C
56. C　57. A　58. C　59. C　60. B　61. A　62. C　63. C　64. C　65. A
66. B　67. D　68. A　69. D　70. A　71. D　72. C　73. B　74. A　75. B

三、书面表达

第一部分

76. D　77. D　78. B　79. C　80. A
81. 主持　82. 翻译　83. 读者　84. 工具　85. 名著

第二部分

【参考范文】

难忘的五一

五一劳动节那天，我和爸爸妈妈一起去了白云公园。

公园里特别热闹，孩子们在树荫下笑着闹着，大人们有的锻炼身体，有的聚在一起边弹边唱，大家都以自己的方式放松心情。我和爸爸妈妈一边散步一边欣赏，不知不觉走到了小湖边，湖水像一面镜子，映出蓝的天、白的云、绿的树，景色特别美。这时，我发现有一个人坐在湖边，面前放着画板，眼睛盯着湖水。我很好奇，就站在那儿看。不一会儿，他的笔下就出现了湖面、柳条、怪石，生动极了，比眼前的景色还好看。我激动地对爸爸说：“他画得可真棒！”爸爸告诉我，这个人是聋哑学校的学生，经常来这里画画儿。我的心不由得颤了一下。聋哑人在生活上、学习上一定有很多困难，但他仍然这么努力地练习绘画。我有健康的身体，却连锻炼身体这么简单的事都没有坚持下来。

那天回家以后，那幅画儿一直留在我的脑海里，就好像在告诉我：世上无难事，只怕有心人。这真是一个难忘的五一啊！

模拟试卷（四）

一、听力理解

1. A　2. B　3. A　4. D　5. C　6. B　7. B　8. C　9. B　10. A
11. D　12. C　13. C　14. A　15. B　16. B　17. D　18. D　19. C　20. C
21. A　22. A　23. B　24. D　25. C　26. A　27. C　28. B　29. D　30. D
31. C　32. D　33. C　34. A　35. B

二、阅读理解

36. A　37. B　38. D　39. A　40. A　41. B　42. A　43. B　44. C　45. A
46. C　47. B　48. A　49. B　50. A　51. C　52. B　53. D　54. C　55. C
56. D　57. C　58. D　59. A　60. B　61. B　62. D　63. A　64. C　65. C
66. C　67. C　68. C　69. C　70. D　71. D　72. D　73. B　74. C　75. A

三、书面表达

第一部分

76. A　77. B　78. D　79. A　80. D
81. 清醒　82. 效率　83. 遗憾　84. 写作　85. 素质

第二部分

【参考范文】

申 请 书

王老师：

您好！学校最近计划组织“一本书，献爱心”活动，得知这个消息，我非常激动。我认为这是一次非常有意义的活动，既能帮助贫困地区的小朋友们，让图书继续发挥作用，又能让我们体会到学习知识的机会十分难得，从而更加珍惜。因此，我想向您提出申请，请允许我担任这次活动的志愿者，负责接收图书，并做好捐献者的信息登记工作。

我在咱们班是组织委员，经常负责组织班级的各种活动，所以在这方面经验比较丰富。而且我比较细心，学习上很少因为马虎大意犯错，组织活动时也能照顾到每个同学。如果我能够成为这次活动的志愿者，无论是计算图书数量、整理图书，还是登记捐献者的信息，我都会认真对待，仔细核查，保证将大家的爱心传递到贫困地区的小朋友们手中。我知道，这些书虽然价格不高，但是聚集了全校同学的爱心和希望。

请您批准！

申请人：× ×

× 月 × 日

模拟试卷（五）

一、听力理解

1. D　2. B　3. B　4. D　5. D　6. A　7. B　8. C　9. A　10. C
11. D　12. A　13. B　14. B　15. A　16. A　17. A　18. A　19. D　20. D
21. B　22. D　23. C　24. A　25. D　26. C　27. C　28. D　29. B　30. B
31. B　32. D　33. D　34. A　35. C

二、阅读理解

36. D　37. B　38. C　39. D　40. A　41. B　42. C　43. D　44. A　45. C
46. C　47. A　48. B　49. C　50. D　51. A　52. A　53. D　54. A　55. C
56. B　57. A　58. D　59. C　60. A　61. D　62. C　63. B　64. C　65. A
66. B　67. A　68. D　69. C　70. D　71. B　72. C　73. A　74. B　75. B

三、书面表达

第一部分

76. B　77. C　78. C　79. D　80. C
81. 教授　82. 佩服　83. 惊讶　84. 表明　85. 广泛

第二部分

【参考范文】

亲爱的李老师：

您好！

今年9月，我就要去 ×× 中学读书了。拿到通知书后，我们全家都很高兴，因为这是一所重点高中。我特别想给您写这封信，感谢学校对我的培养，感谢您辛勤的付出和耐心的教导。

记得第一天进入这个班的时候，您一直对我们微笑，让我感到了集体的温暖。我知道自己调皮，在课上给您惹了不少麻烦。但是您总是用生动有趣的讲课方式把我的注意力又拉回课堂。我犯了错，您从不严厉地批评我，而是亲切地跟我谈心，让我自己认识到错误。除了上课，您还要准备新课、批改我们的作业，这些只能占用您的个人时间，有时会工作到很晚，但您从无怨言，总说这是老师的责任。虽然现在我还不能很好地理解什么是责任，但是我会一直以您为榜样，在以后的学习中勤奋刻苦、积极上进。

祝您

身体健康，心想事成！

学生：××

×月×日

模拟试卷（六）

一、听力理解

1. B	2. B	3. A	4. A	5. B	6. B	7. C	8. C	9. A	10. A
11. A	12. C	13. D	14. B	15. B	16. B	17. A	18. B	19. C	20. B
21. A	22. D	23. B	24. D	25. C	26. A	27. B	28. B	29. B	30. B
31. C	32. B	33. C	34. B	35. C					

二、阅读理解

36. B	37. A	38. C	39. A	40. B	41. C	42. B	43. A	44. A	45. C
46. C	47. D	48. A	49. D	50. A	51. C	52. B	53. D	54. C	55. A
56. B	57. D	58. C	59. B	60. D	61. C	62. C	63. A	64. D	65. B
66. C	67. A	68. D	69. A	70. A	71. D	72. C	73. D	74. A	75. D

三、书面表达

第一部分

76. C　77. A　78. B　79. B　80. D

81. 严厉　82. 导致　83. 作为　84. 增添　85. 和谐

第二部分

【参考范文】

做事要有准备

这个小故事对我的启发很大。猴子还没有认真观察捕鱼的全过程，也没有真正学会捕鱼，就直接去尝试，最终导致缠在网里、被水淹死的结果。

古人说“三思而后行”，意思是做事前要认真思考。除了思考，我们也应该认真学习。面对一件新事物，应该认真观察，扎实地学习基础知识，然后再探索实践。理论和实践相结合，才算是真正掌握了技术、学到了本领。不顾一切地盲目动手尝试，虽然有时候也能成功，但总有运气的成分在里面，如果出现问题，就会惊慌无助，那时后悔也来不及了。比如：有些人还没有真正学会开车就上路行驶，成为“马路杀手”，最终造成严重的交通事故。这样的新闻时常有，我们在悲痛的同时，是否应该反思一下呢？

做事之前，一定要做好充分的准备，这是对自己负责，也是对别人负责。

模拟试卷（七）

一、听力理解

1. C	2. C	3. B	4. D	5. C	6. D	7. C	8. D	9. B	10. C
11. B	12. B	13. B	14. C	15. A	16. D	17. C	18. C	19. B	20. B
21. B	22. C	23. B	24. C	25. D	26. C	27. B	28. D	29. C	30. D
31. C	32. B	33. D	34. B	35. A					

二、阅读理解

36. B	37. C	38. A	39. C	40. B	41. B	42. B	43. B	44. D	45. B
46. C	47. D	48. B	49. D	50. A	51. A	52. C	53. D	54. D	55. A
56. B	57. C	58. D	59. A	60. A	61. C	62. C	63. D	64. D	65. B
66. B	67. C	68. A	69. A	70. C	71. C	72. A	73. B	74. C	75. B

三、书面表达

第一部分

76. B　77. B　78. C　79. D　80. B

81. 发誓　82. 勤奋　83. 尝试　84. 运用　85. 届

第二部分

【参考范文】

亲爱的爸爸妈妈：

你们好！今天你们告诉我，不允许我参加学校的足球队，这让我十分伤心。

在我的记忆中，我很小的时候，爸爸就带着我在操场上踢足球了。长大后，我依然很喜欢足球，小学时也一直是学校足球队的队员。我觉得，踢足球不但提高了我的身体素质，还让我认识了很多有着同样爱好的好朋友。每次在足球场上奔跑，每次为队友喊“加油”，我都感到无比快乐。

我知道，现在中学的课程很紧，学习压力也很大。你们不让我参加足球队，是担心踢足球影响我的学习。但是，我长大了，我也应该学着合理安排自己的时间，不让课余爱好影响学习成绩了。其实，我还希望足球这个爱好能使我身体更强壮、思维更敏捷，从而促进学习呢。现代社会要求每个人全面发展，相信你们对我也有同样的期望。

因此，就让我加入足球队吧！你们可以看看我的表现，如果发现成绩下降，我再放弃也不迟。你们说，好吗？

你们的儿子：××
×月×日

模拟试卷（八）

一、听力理解

1. B 2. D 3. B 4. B 5. A 6. A 7. C 8. D 9. B 10. D
11. C 12. D 13. B 14. D 15. B 16. A 17. D 18. B 19. C 20. B
21. D 22. B 23. D 24. B 25. D 26. B 27. C 28. C 29. C 30. B
31. C 32. D 33. C 34. B 35. D

二、阅读理解

36. A 37. B 38. C 39. D 40. C 41. D 42. D 43. C 44. B 45. D
46. D 47. C 48. B 49. D 50. C 51. B 52. A 53. A 54. A 55. B
56. D 57. B 58. D 59. A 60. A 61. C 62. D 63. A 64. C 65. D
66. A 67. D 68. C 69. B 70. C 71. C 72. C 73. D 74. B 75. A

三、书面表达

第一部分

76. B 77. D 78. A 79. B 80. A
81. 初期 82. 薄弱 83. 限制 84. 陆续 85. 娱乐

第二部分

【参考范文】

坏事与好事

故事看到结尾，我松了一口气。这个人终于得救了。这时候再看他经历过的一切——轮船沉没、漂流到孤岛、简易窝棚着火，好像也不是什么坏事。

的确，我们都希望生活中充满了成功与喜悦，希望避免一切坏事。好事发生的时候，我们开怀大笑，而坏事来临的时候，我们往往悲伤哭泣。其实冷静下来想想，有时候坏事的发生正是好事出现的基础。就拿我最喜欢的一位演员来说吧。他的父亲因为赌博欠了很多钱，他穷得连上学的钱也没有，小小年纪就靠唱歌打工赚钱，这当然是我们想都不愿想的坏事。后来，一个电影公司发现了他，他们正想找一位会唱会跳、生活经历丰富的演员。就这样，他靠着多年积累的经验参演了电影，最后成了有名的演员。

古人有句话叫“祸兮福所倚”，意思是坏事也可以引出好的结果。坏事和好事并不是绝对的，只要我们以正确的态度对待它们，它们就会变成人生中最宝贵的东西。

模拟试卷（九）

一、听力理解

1. C 2. D 3. C 4. D 5. C 6. B 7. B 8. D 9. C 10. B
11. D 12. B 13. C 14. B 15. D 16. A 17. B 18. C 19. C 20. C
21. B 22. B 23. B 24. C 25. D 26. C 27. A 28. D 29. B 30. D
31. C 32. A 33. D 34. B 35. A

二、阅读理解

36. C 37. B 38. D 39. B 40. A 41. A 42. D 43. D 44. C 45. C
46. C 47. A 48. A 49. C 50. D 51. A 52. C 53. C 54. A 55. A
56. B 57. A 58. D 59. C 60. C 61. D 62. D 63. A 64. C 65. B
66. C 67. C 68. B 69. B 70. D 71. D 72. B 73. A 74. C 75. D

三、书面表达

第一部分

76. D 77. D 78. B 79. C 80. D
81. 似乎 82. 美观 83. 嫉妒 84. 恰好 85. 古典

第二部分

【参考范文】

同学教会我坚持

我有一位同学叫张明，从他的身上，我学到了“坚持”这种珍贵的品质，我非常感谢他。

那是刚上初中的时候，我报名参加了学校的长跑队，可是没过多久，艰苦的训练就让我产生了放弃的念头。有一天，我正苦恼着，张明走过来说：“再坚持一下，过段时间，你会发现奇迹。”张明是我们学校的长跑冠军，花在训练上的时间和精力要比我多得多，但他从来不喊苦喊累。我虽然不知道他说的奇迹是什么，但还是决定再试一试。从此，我开始跟着张明训练。他每天 5 点起床，先去操场上跑 3000 米再去上课，除了下雨天从不间断。长跑队集中训练时，他认真完成每个项目，从不偷懒。我坚持不住的时候，只要看一看他，就觉得还不能放弃。

就这样训练了 3 年，我不仅多次在运动会上拿到前三名，还长高了，身体更强壮了，精神状态也更好了。最重要的是，在遇到困难时，我再也不会轻易说放弃了。我想，这都要感谢张明，是他，教会了我坚持。

模拟试卷（十）

一、听力理解

1. A 2. C 3. A 4. D 5. D 6. B 7. C 8. C 9. D 10. A
11. D 12. C 13. A 14. C 15. A 16. C 17. C 18. C 19. D 20. D
21. B 22. C 23. B 24. A 25. D 26. B 27. C 28. C 29. B 30. C
31. C 32. D 33. B 34. C 35. B

二、阅读理解

36. B 37. C 38. A 39. D 40. B 41. C 42. C 43. B 44. A 45. C
46. C 47. B 48. B 49. B 50. D 51. D 52. A 53. C 54. B 55. C
56. B 57. C 58. C 59. D 60. C 61. C 62. D 63. D 64. A 65. D
66. C 67. B 68. D 69. A 70. D 71. C 72. B 73. C 74. C 75. B

三、书面表达

第一部分

76. B 77. B 78. B 79. C 80. D
81. 进程 82. 逐渐 83. 冷淡 84. 频繁 85. 剧院

第二部分

【参考范文】

正确地认识自己

读了狐狸和狮子的故事，我感受很深。这只可怜的狐狸把巨大的影子当成了真正的自己，连狮子都不怕，结果成了狮子的美餐。是什么害死了它？我想正是因为它不能正确地认识自己。

正确地认识自己，在我们的生活中同样重要。记得有一次数学考试，因为题目比较简单，本来成绩一般的我考了满分，我高兴得不得了。随后的那段时间，我觉得自己成绩已经够好了，不用那么刻苦，于是上课听到一半，觉得自己会了就不再认真听，每天一回家就看电视。然而，现实很快就给了我教训。那次期末考试，我的数学成绩刚过及格线。我哭着回了家，妈妈却并不生气，她告诉我，因为一次成绩就骄傲自满，说明我并没有认清自己的能力。妈妈的话点醒了我，我这才明白，认识自己比考试成绩更重要，它是我们做人做事的基础。

我曾经看过一句话：“英雄不是没有弱点，而是懂得如何克服自己的弱点。”我们不一定要做英雄，但是正确地认识自己，能让我们少犯错，踏实地向前走。

MHK
（二级）答题卡

白 色 检 测 区 ， 请 勿 污 染 ！

姓　　名：__________

性　　别：男☐　女☐　试卷号码：__________

考 场 号：__________　座 位 号：__________

准考证序号：__________

填 涂 说 明

1. 答题前，考生先将自己的姓名等填写清楚。
2. 选择题必须使用2B铅笔填涂，作文必须使用黑色钢笔或签字笔书写，应字体工整、笔迹清楚。
3. 保持卷面整洁，不要折叠、弄破，不准使用涂改液、刮纸刀。
4. 填涂示例：正确填涂 ▬

错误填涂 [A] [B] [C] [D]

贴条形码区

A ▬

选 择 题

1 [A][B][C][D]	17 [A][B][C][D]	33 [A][B][C][D]	49 [A][B][C][D]	65 [A][B][C][D]
2 [A][B][C][D]	18 [A][B][C][D]	34 [A][B][C][D]	50 [A][B][C][D]	66 [A][B][C][D]
3 [A][B][C][D]	19 [A][B][C][D]	35 [A][B][C][D]	51 [A][B][C][D]	67 [A][B][C][D]
4 [A][B][C][D]	20 [A][B][C][D]	36 [A][B][C][D]	52 [A][B][C][D]	68 [A][B][C][D]
5 [A][B][C][D]	21 [A][B][C][D]	37 [A][B][C][D]	53 [A][B][C][D]	69 [A][B][C][D]
6 [A][B][C][D]	22 [A][B][C][D]	38 [A][B][C][D]	54 [A][B][C][D]	70 [A][B][C][D]
7 [A][B][C][D]	23 [A][B][C][D]	39 [A][B][C][D]	55 [A][B][C][D]	71 [A][B][C][D]
8 [A][B][C][D]	24 [A][B][C][D]	40 [A][B][C][D]	56 [A][B][C][D]	72 [A][B][C][D]
9 [A][B][C][D]	25 [A][B][C][D]	41 [A][B][C][D]	57 [A][B][C][D]	73 [A][B][C][D]
10 [A][B][C][D]	26 [A][B][C][D]	42 [A][B][C][D]	58 [A][B][C][D]	74 [A][B][C][D]
11 [A][B][C][D]	27 [A][B][C][D]	43 [A][B][C][D]	59 [A][B][C][D]	75 [A][B][C][D]
12 [A][B][C][D]	28 [A][B][C][D]	44 [A][B][C][D]	60 [A][B][C][D]	76 [A][B][C][D]
13 [A][B][C][D]	29 [A][B][C][D]	45 [A][B][C][D]	61 [A][B][C][D]	77 [A][B][C][D]
14 [A][B][C][D]	30 [A][B][C][D]	46 [A][B][C][D]	62 [A][B][C][D]	78 [A][B][C][D]
15 [A][B][C][D]	31 [A][B][C][D]	47 [A][B][C][D]	63 [A][B][C][D]	79 [A][B][C][D]
16 [A][B][C][D]	32 [A][B][C][D]	48 [A][B][C][D]	64 [A][B][C][D]	80 [A][B][C][D]

注意：请用正楷在横线上书写，不要在 [A][B] 上做任何标记。

81 [A][B]	82 [A][B]	83 [A][B]	84 [A][B]	85 [A][B]
______	______	______	______	______

书面表达（作文）

（30 分钟）

作 文 要 求

1. 写作前认真阅读作文提示，按提示要求在规定的时间内写完。
2. 每个空格写一个字，书写要清楚工整；每个标点符号占一个空格，标点符号使用要规范。
3. 作文中不得出现跟考生有关的校名、地名和真人姓名。
4. 保持卷面整洁，不得涂划损坏答卷。

翻开此页到背面答题

注意作文格式及字数要求 ⇨

中国　北京

沿此线剪下

白 色 检 测 区 ， 请 勿 污 染 ！

100 字

200 字

300 字

400 字

MHK

（二级）答题卡

白 色 检 测 区 ， 请 勿 污 染 ！

姓　　名：

性　　别：男 ▭ 女 ▭ 试卷号码：

考 场 号：　　座 位 号：

准考证序号：

填 涂 说 明

1. 答题前，考生先将自己的姓名等填写清楚。
2. 选择题必须使用 2B 铅笔填涂，作文必须使用黑色钢笔或签字笔书写，应字体工整、笔迹清楚。
3. 保持卷面整洁，不要折叠、弄破，不准使用涂改液、刮纸刀。
4. 填涂示例：正确填涂 ▬
   错误填涂 [A] [B] [C] [D]

贴条形码区

A ▬

选 择 题

1[A][B][C][D]	17[A][B][C][D]	33[A][B][C][D]	49[A][B][C][D]	65[A][B][C][D]
2[A][B][C][D]	18[A][B][C][D]	34[A][B][C][D]	50[A][B][C][D]	66[A][B][C][D]
3[A][B][C][D]	19[A][B][C][D]	35[A][B][C][D]	51[A][B][C][D]	67[A][B][C][D]
4[A][B][C][D]	20[A][B][C][D]	36[A][B][C][D]	52[A][B][C][D]	68[A][B][C][D]
5[A][B][C][D]	21[A][B][C][D]	37[A][B][C][D]	53[A][B][C][D]	69[A][B][C][D]
6[A][B][C][D]	22[A][B][C][D]	38[A][B][C][D]	54[A][B][C][D]	70[A][B][C][D]
7[A][B][C][D]	23[A][B][C][D]	39[A][B][C][D]	55[A][B][C][D]	71[A][B][C][D]
8[A][B][C][D]	24[A][B][C][D]	40[A][B][C][D]	56[A][B][C][D]	72[A][B][C][D]
9[A][B][C][D]	25[A][B][C][D]	41[A][B][C][D]	57[A][B][C][D]	73[A][B][C][D]
10[A][B][C][D]	26[A][B][C][D]	42[A][B][C][D]	58[A][B][C][D]	74[A][B][C][D]
11[A][B][C][D]	27[A][B][C][D]	43[A][B][C][D]	59[A][B][C][D]	75[A][B][C][D]
12[A][B][C][D]	28[A][B][C][D]	44[A][B][C][D]	60[A][B][C][D]	76[A][B][C][D]
13[A][B][C][D]	29[A][B][C][D]	45[A][B][C][D]	61[A][B][C][D]	77[A][B][C][D]
14[A][B][C][D]	30[A][B][C][D]	46[A][B][C][D]	62[A][B][C][D]	78[A][B][C][D]
15[A][B][C][D]	31[A][B][C][D]	47[A][B][C][D]	63[A][B][C][D]	79[A][B][C][D]
16[A][B][C][D]	32[A][B][C][D]	48[A][B][C][D]	64[A][B][C][D]	80[A][B][C][D]

注意：请用正楷在横线上书写，不要在 [A][B] 上做任何标记。

81[A][B]	82[A][B]	83[A][B]	84[A][B]	85[A][B]

书面表达（作文）

（30 分钟）

作 文 要 求

1. 写作前认真阅读作文提示，按提示要求在规定的时间内写完。
2. 每个空格写一个字，书写要清楚工整；每个标点符号占一个空格，标点符号使用要规范。
3. 作文中不得出现跟考生有关的校名、地名和真人姓名。
4. 保持卷面整洁，不得涂划损坏答卷。

翻开此页到背面答题

注意作文格式及字数要求

中国　北京

沿此线剪下

白 色 检 测 区 ， 请 勿 污 染 ！

100

200

300

400

MHK

（二级）答题卡

白 色 检 测 区 ， 请 勿 污 染 ！

姓　　名：____________

性　　别：男□　女□　试卷号码：______

考 场 号：______　座 位 号：______

准考证序号：____________

填 涂 说 明

1. 答题前，考生先将自己的姓名等填写清楚。
2. 选择题必须使用2B铅笔填涂，作文必须使用黑色钢笔或签字笔书写，应字体工整、笔迹清楚。
3. 保持卷面整洁，不要折叠、弄破，不准使用涂改液、刮纸刀。
4. 填涂示例：正确填涂 ▬
   错误填涂 [A][B][C][D]

贴条形码区

A ▬

选 择 题

1[A][B][C][D]	17[A][B][C][D]	33[A][B][C][D]	49[A][B][C][D]	65[A][B][C][D]
2[A][B][C][D]	18[A][B][C][D]	34[A][B][C][D]	50[A][B][C][D]	66[A][B][C][D]
3[A][B][C][D]	19[A][B][C][D]	35[A][B][C][D]	51[A][B][C][D]	67[A][B][C][D]
4[A][B][C][D]	20[A][B][C][D]	36[A][B][C][D]	52[A][B][C][D]	68[A][B][C][D]
5[A][B][C][D]	21[A][B][C][D]	37[A][B][C][D]	53[A][B][C][D]	69[A][B][C][D]
6[A][B][C][D]	22[A][B][C][D]	38[A][B][C][D]	54[A][B][C][D]	70[A][B][C][D]
7[A][B][C][D]	23[A][B][C][D]	39[A][B][C][D]	55[A][B][C][D]	71[A][B][C][D]
8[A][B][C][D]	24[A][B][C][D]	40[A][B][C][D]	56[A][B][C][D]	72[A][B][C][D]
9[A][B][C][D]	25[A][B][C][D]	41[A][B][C][D]	57[A][B][C][D]	73[A][B][C][D]
10[A][B][C][D]	26[A][B][C][D]	42[A][B][C][D]	58[A][B][C][D]	74[A][B][C][D]
11[A][B][C][D]	27[A][B][C][D]	43[A][B][C][D]	59[A][B][C][D]	75[A][B][C][D]
12[A][B][C][D]	28[A][B][C][D]	44[A][B][C][D]	60[A][B][C][D]	76[A][B][C][D]
13[A][B][C][D]	29[A][B][C][D]	45[A][B][C][D]	61[A][B][C][D]	77[A][B][C][D]
14[A][B][C][D]	30[A][B][C][D]	46[A][B][C][D]	62[A][B][C][D]	78[A][B][C][D]
15[A][B][C][D]	31[A][B][C][D]	47[A][B][C][D]	63[A][B][C][D]	79[A][B][C][D]
16[A][B][C][D]	32[A][B][C][D]	48[A][B][C][D]	64[A][B][C][D]	80[A][B][C][D]

注意：请用正楷在横线上书写，不要在 [A][B] 上做任何标记。

81[A][B] ______　82[A][B] ______　83[A][B] ______　84[A][B] ______　85[A][B] ______

书面表达（作文）

（30分钟）

作 文 要 求

1. 写作前认真阅读作文提示，按提示要求在规定的时间内写完。
2. 每个空格写一个字，书写要清楚工整；每个标点符号占一个空格，标点符号使用要规范。
3. 作文中不得出现跟考生有关的校名、地名和真人姓名。
4. 保持卷面整洁，不得涂划损坏答卷。

翻开此页到背面答题

注意作文格式及字数要求

中国　北京

沿此线剪下

白 色 检 测 区 ， 请 勿 污 染 ！

100字

200字

300字

400字

MHK

（二级）答题卡

白色检测区，请勿污染！

填涂说明

1. 答题前，考生先将自己的姓名等填写清楚。
2. 选择题必须使用2B铅笔填涂，作文必须使用黑色钢笔或签字笔书写，应字体工整、笔迹清楚。
3. 保持卷面整洁，不要折叠、弄破，不准使用涂改液、刮纸刀。
4. 填涂示例：正确填涂 ▬
错误填涂 [A][B][C][D]

贴条形码区

姓　　名：____________

性　　别：男□　女□　试卷号码：________

考 场 号：________　座 位 号：________

准考证序号：____________

A ▬

选择题

1[A][B][C][D]	17[A][B][C][D]	33[A][B][C][D]	49[A][B][C][D]	65[A][B][C][D]
2[A][B][C][D]	18[A][B][C][D]	34[A][B][C][D]	50[A][B][C][D]	66[A][B][C][D]
3[A][B][C][D]	19[A][B][C][D]	35[A][B][C][D]	51[A][B][C][D]	67[A][B][C][D]
4[A][B][C][D]	20[A][B][C][D]	36[A][B][C][D]	52[A][B][C][D]	68[A][B][C][D]
5[A][B][C][D]	21[A][B][C][D]	37[A][B][C][D]	53[A][B][C][D]	69[A][B][C][D]
6[A][B][C][D]	22[A][B][C][D]	38[A][B][C][D]	54[A][B][C][D]	70[A][B][C][D]
7[A][B][C][D]	23[A][B][C][D]	39[A][B][C][D]	55[A][B][C][D]	71[A][B][C][D]
8[A][B][C][D]	24[A][B][C][D]	40[A][B][C][D]	56[A][B][C][D]	72[A][B][C][D]
9[A][B][C][D]	25[A][B][C][D]	41[A][B][C][D]	57[A][B][C][D]	73[A][B][C][D]
10[A][B][C][D]	26[A][B][C][D]	42[A][B][C][D]	58[A][B][C][D]	74[A][B][C][D]
11[A][B][C][D]	27[A][B][C][D]	43[A][B][C][D]	59[A][B][C][D]	75[A][B][C][D]
12[A][B][C][D]	28[A][B][C][D]	44[A][B][C][D]	60[A][B][C][D]	76[A][B][C][D]
13[A][B][C][D]	29[A][B][C][D]	45[A][B][C][D]	61[A][B][C][D]	77[A][B][C][D]
14[A][B][C][D]	30[A][B][C][D]	46[A][B][C][D]	62[A][B][C][D]	78[A][B][C][D]
15[A][B][C][D]	31[A][B][C][D]	47[A][B][C][D]	63[A][B][C][D]	79[A][B][C][D]
16[A][B][C][D]	32[A][B][C][D]	48[A][B][C][D]	64[A][B][C][D]	80[A][B][C][D]

注意：请用正楷在横线上书写，不要在[A][B]上做任何标记。

81[A][B]	82[A][B]	83[A][B]	84[A][B]	85[A][B]
________	________	________	________	________

书面表达（作文）

（30分钟）

作文要求

1. 写作前认真阅读作文提示，按提示要求在规定的时间内写完。
2. 每个空格写一个字，书写要清楚工整；每个标点符号占一个空格，标点符号使用要规范。
3. 作文中不得出现跟考生有关的校名、地名和真人姓名。
4. 保持卷面整洁，不得涂划损坏答卷。

翻开此页到背面答题
注意作文格式及字数要求

中国　北京

沿此线剪下

白色检测区，请勿污染！

100字

200字

300字

400字

MHK
（二级）答题卡

白 色 检 测 区 ， 请 勿 污 染 ！

姓　　名：____________

性　　别：男▭　女▭　试卷号码：________

考 场 号：________　座 位 号：________

准考证序号：____________

填涂说明

1. 答题前，考生先将自己的姓名等填写清楚。
2. 选择题必须使用2B铅笔填涂，作文必须使用黑色钢笔或签字笔书写，应字体工整、笔迹清楚。
3. 保持卷面整洁，不要折叠、弄破，不准使用涂改液、刮纸刀。
4. 填涂示例：正确填涂 ▬
   错误填涂 [A][B][C][D]

贴条形码区

A ▬

选 择 题

1 [A][B][C][D]	17 [A][B][C][D]	33 [A][B][C][D]	49 [A][B][C][D]	65 [A][B][C][D]
2 [A][B][C][D]	18 [A][B][C][D]	34 [A][B][C][D]	50 [A][B][C][D]	66 [A][B][C][D]
3 [A][B][C][D]	19 [A][B][C][D]	35 [A][B][C][D]	51 [A][B][C][D]	67 [A][B][C][D]
4 [A][B][C][D]	20 [A][B][C][D]	36 [A][B][C][D]	52 [A][B][C][D]	68 [A][B][C][D]
5 [A][B][C][D]	21 [A][B][C][D]	37 [A][B][C][D]	53 [A][B][C][D]	69 [A][B][C][D]
6 [A][B][C][D]	22 [A][B][C][D]	38 [A][B][C][D]	54 [A][B][C][D]	70 [A][B][C][D]
7 [A][B][C][D]	23 [A][B][C][D]	39 [A][B][C][D]	55 [A][B][C][D]	71 [A][B][C][D]
8 [A][B][C][D]	24 [A][B][C][D]	40 [A][B][C][D]	56 [A][B][C][D]	72 [A][B][C][D]
9 [A][B][C][D]	25 [A][B][C][D]	41 [A][B][C][D]	57 [A][B][C][D]	73 [A][B][C][D]
10 [A][B][C][D]	26 [A][B][C][D]	42 [A][B][C][D]	58 [A][B][C][D]	74 [A][B][C][D]
11 [A][B][C][D]	27 [A][B][C][D]	43 [A][B][C][D]	59 [A][B][C][D]	75 [A][B][C][D]
12 [A][B][C][D]	28 [A][B][C][D]	44 [A][B][C][D]	60 [A][B][C][D]	76 [A][B][C][D]
13 [A][B][C][D]	29 [A][B][C][D]	45 [A][B][C][D]	61 [A][B][C][D]	77 [A][B][C][D]
14 [A][B][C][D]	30 [A][B][C][D]	46 [A][B][C][D]	62 [A][B][C][D]	78 [A][B][C][D]
15 [A][B][C][D]	31 [A][B][C][D]	47 [A][B][C][D]	63 [A][B][C][D]	79 [A][B][C][D]
16 [A][B][C][D]	32 [A][B][C][D]	48 [A][B][C][D]	64 [A][B][C][D]	80 [A][B][C][D]

注意：请用正楷在横线上书写，不要在 [A][B] 上做任何标记。

81 [A][B]	82 [A][B]	83 [A][B]	84 [A][B]	85 [A][B]
________	________	________	________	________

书面表达（作文）

（30分钟）

作 文 要 求

1. 写作前认真阅读作文提示，按提示要求在规定的时间内写完。
2. 每个空格写一个字，书写要清楚工整；每个标点符号占一个空格，标点符号使用要规范。
3. 作文中不得出现跟考生有关的校名、地名和真人姓名。
4. 保持卷面整洁，不得涂划损坏答卷。

翻开此页到背面答题

注意作文格式及字数要求

中国　　北京

沿此线剪下

白 色 检 测 区 ， 请 勿 污 染 ！

100字

200字

300字

400字

MHK

（二级）答题卡

白 色 检 测 区 ， 请 勿 污 染 ！

姓 名：

性 别：男 ▭ 女 ▭ 试卷号码：

考 场 号： 座 位 号：

准考证序号：

填 涂 说 明

1. 答题前，考生先将自己的姓名等填写清楚。
2. 选择题必须使用2B铅笔填涂，作文必须使用黑色钢笔或签字笔书写，应字体工整、笔迹清楚。
3. 保持卷面整洁，不要折叠、弄破，不准使用涂改液、刮纸刀。
4. 填涂示例：正确填涂 ▬
   错误填涂 [A] [B] [C] [D]

贴条形码区

A ▬

选 择 题

1[A][B][C][D]	17[A][B][C][D]	33[A][B][C][D]	49[A][B][C][D]	65[A][B][C][D]
2[A][B][C][D]	18[A][B][C][D]	34[A][B][C][D]	50[A][B][C][D]	66[A][B][C][D]
3[A][B][C][D]	19[A][B][C][D]	35[A][B][C][D]	51[A][B][C][D]	67[A][B][C][D]
4[A][B][C][D]	20[A][B][C][D]	36[A][B][C][D]	52[A][B][C][D]	68[A][B][C][D]
5[A][B][C][D]	21[A][B][C][D]	37[A][B][C][D]	53[A][B][C][D]	69[A][B][C][D]
6[A][B][C][D]	22[A][B][C][D]	38[A][B][C][D]	54[A][B][C][D]	70[A][B][C][D]
7[A][B][C][D]	23[A][B][C][D]	39[A][B][C][D]	55[A][B][C][D]	71[A][B][C][D]
8[A][B][C][D]	24[A][B][C][D]	40[A][B][C][D]	56[A][B][C][D]	72[A][B][C][D]
9[A][B][C][D]	25[A][B][C][D]	41[A][B][C][D]	57[A][B][C][D]	73[A][B][C][D]
10[A][B][C][D]	26[A][B][C][D]	42[A][B][C][D]	58[A][B][C][D]	74[A][B][C][D]
11[A][B][C][D]	27[A][B][C][D]	43[A][B][C][D]	59[A][B][C][D]	75[A][B][C][D]
12[A][B][C][D]	28[A][B][C][D]	44[A][B][C][D]	60[A][B][C][D]	76[A][B][C][D]
13[A][B][C][D]	29[A][B][C][D]	45[A][B][C][D]	61[A][B][C][D]	77[A][B][C][D]
14[A][B][C][D]	30[A][B][C][D]	46[A][B][C][D]	62[A][B][C][D]	78[A][B][C][D]
15[A][B][C][D]	31[A][B][C][D]	47[A][B][C][D]	63[A][B][C][D]	79[A][B][C][D]
16[A][B][C][D]	32[A][B][C][D]	48[A][B][C][D]	64[A][B][C][D]	80[A][B][C][D]

注意：请用正楷在横线上书写，不要在 [A][B] 上做任何标记。

81[A][B]	82[A][B]	83[A][B]	84[A][B]	85[A][B]
______	______	______	______	______

书面表达（作文）

（30分钟）

作 文 要 求

1. 写作前认真阅读作文提示，按提示要求在规定的时间内写完。
2. 每个空格写一个字，书写要清楚工整；每个标点符号占一个空格，标点符号使用要规范。
3. 作文中不得出现跟考生有关的校名、地名和真人姓名。
4. 保持卷面整洁，不得涂划损坏答卷。

翻开此页到背面答题

注意作文格式及字数要求

中国 北京

沿此线剪下

白 色 检 测 区 ， 请 勿 污 染 ！

100字

200字

300字

400

MHK

（二级）答题卡

白色检测区，请勿污染！

姓　　名：

性　　别：男　女　试卷号码：

考 场 号：　座 位 号：

准考证序号：

填涂说明

1. 答题前，考生先将自己的姓名等填写清楚。
2. 选择题必须使用2B铅笔填涂，作文必须使用黑色钢笔或签字笔书写，应字体工整、笔迹清楚。
3. 保持卷面整洁，不要折叠、弄破，不准使用涂改液、刮纸刀。
4. 填涂示例：正确填涂 ▬
错误填涂 [A] [B] [C] [D]

贴条形码区

A

选择题

1 [A][B][C][D]	17 [A][B][C][D]	33 [A][B][C][D]	49 [A][B][C][D]	65 [A][B][C][D]
2 [A][B][C][D]	18 [A][B][C][D]	34 [A][B][C][D]	50 [A][B][C][D]	66 [A][B][C][D]
3 [A][B][C][D]	19 [A][B][C][D]	35 [A][B][C][D]	51 [A][B][C][D]	67 [A][B][C][D]
4 [A][B][C][D]	20 [A][B][C][D]	36 [A][B][C][D]	52 [A][B][C][D]	68 [A][B][C][D]
5 [A][B][C][D]	21 [A][B][C][D]	37 [A][B][C][D]	53 [A][B][C][D]	69 [A][B][C][D]
6 [A][B][C][D]	22 [A][B][C][D]	38 [A][B][C][D]	54 [A][B][C][D]	70 [A][B][C][D]
7 [A][B][C][D]	23 [A][B][C][D]	39 [A][B][C][D]	55 [A][B][C][D]	71 [A][B][C][D]
8 [A][B][C][D]	24 [A][B][C][D]	40 [A][B][C][D]	56 [A][B][C][D]	72 [A][B][C][D]
9 [A][B][C][D]	25 [A][B][C][D]	41 [A][B][C][D]	57 [A][B][C][D]	73 [A][B][C][D]
10 [A][B][C][D]	26 [A][B][C][D]	42 [A][B][C][D]	58 [A][B][C][D]	74 [A][B][C][D]
11 [A][B][C][D]	27 [A][B][C][D]	43 [A][B][C][D]	59 [A][B][C][D]	75 [A][B][C][D]
12 [A][B][C][D]	28 [A][B][C][D]	44 [A][B][C][D]	60 [A][B][C][D]	76 [A][B][C][D]
13 [A][B][C][D]	29 [A][B][C][D]	45 [A][B][C][D]	61 [A][B][C][D]	77 [A][B][C][D]
14 [A][B][C][D]	30 [A][B][C][D]	46 [A][B][C][D]	62 [A][B][C][D]	78 [A][B][C][D]
15 [A][B][C][D]	31 [A][B][C][D]	47 [A][B][C][D]	63 [A][B][C][D]	79 [A][B][C][D]
16 [A][B][C][D]	32 [A][B][C][D]	48 [A][B][C][D]	64 [A][B][C][D]	80 [A][B][C][D]

注意：请用正楷在横线上书写，不要在 [A][B] 上做任何标记。

81 [A][B]　82 [A][B]　83 [A][B]　84 [A][B]　85 [A][B]

书面表达（作文）

（30分钟）

作文要求

1. 写作前认真阅读作文提示，按提示要求在规定的时间内写完。
2. 每个空格写一个字，书写要清楚工整；每个标点符号占一个空格，标点符号使用要规范。
3. 作文中不得出现跟考生有关的校名、地名和真人姓名。
4. 保持卷面整洁，不得涂划损坏答卷。

翻开此页到背面答题

注意作文格式及字数要求

中国　北京

沿此线剪下

白色检测区，请勿污染！

100字

200字

300字

400字

MHK

（二级）答题卡

白 色 检 测 区 ，请 勿 污 染 ！

填涂说明

1. 答题前，考生先将自己的姓名等填写清楚。
2. 选择题必须使用2B铅笔填涂，作文必须使用黑色钢笔或签字笔书写，应字体工整、笔迹清楚。
3. 保持卷面整洁，不要折叠、弄破，不准使用涂改液、刮纸刀。
4. 填涂示例：正确填涂 ▬
   错误填涂 [A̸][B̸][C̸][D̸]

贴条形码区

姓　　名：____________

性　　别：男▭　女▭　试卷号码：________

考 场 号：________　座 位 号：________

准考证序号：____________

A ▬

选 择 题

1 [A][B][C][D]	17 [A][B][C][D]	33 [A][B][C][D]	49 [A][B][C][D]	65 [A][B][C][D]
2 [A][B][C][D]	18 [A][B][C][D]	34 [A][B][C][D]	50 [A][B][C][D]	66 [A][B][C][D]
3 [A][B][C][D]	19 [A][B][C][D]	35 [A][B][C][D]	51 [A][B][C][D]	67 [A][B][C][D]
4 [A][B][C][D]	20 [A][B][C][D]	36 [A][B][C][D]	52 [A][B][C][D]	68 [A][B][C][D]
5 [A][B][C][D]	21 [A][B][C][D]	37 [A][B][C][D]	53 [A][B][C][D]	69 [A][B][C][D]
6 [A][B][C][D]	22 [A][B][C][D]	38 [A][B][C][D]	54 [A][B][C][D]	70 [A][B][C][D]
7 [A][B][C][D]	23 [A][B][C][D]	39 [A][B][C][D]	55 [A][B][C][D]	71 [A][B][C][D]
8 [A][B][C][D]	24 [A][B][C][D]	40 [A][B][C][D]	56 [A][B][C][D]	72 [A][B][C][D]
9 [A][B][C][D]	25 [A][B][C][D]	41 [A][B][C][D]	57 [A][B][C][D]	73 [A][B][C][D]
10 [A][B][C][D]	26 [A][B][C][D]	42 [A][B][C][D]	58 [A][B][C][D]	74 [A][B][C][D]
11 [A][B][C][D]	27 [A][B][C][D]	43 [A][B][C][D]	59 [A][B][C][D]	75 [A][B][C][D]
12 [A][B][C][D]	28 [A][B][C][D]	44 [A][B][C][D]	60 [A][B][C][D]	76 [A][B][C][D]
13 [A][B][C][D]	29 [A][B][C][D]	45 [A][B][C][D]	61 [A][B][C][D]	77 [A][B][C][D]
14 [A][B][C][D]	30 [A][B][C][D]	46 [A][B][C][D]	62 [A][B][C][D]	78 [A][B][C][D]
15 [A][B][C][D]	31 [A][B][C][D]	47 [A][B][C][D]	63 [A][B][C][D]	79 [A][B][C][D]
16 [A][B][C][D]	32 [A][B][C][D]	48 [A][B][C][D]	64 [A][B][C][D]	80 [A][B][C][D]

注意：请用正楷在横线上书写，不要在 [A][B] 上做任何标记。

81 [A][B]	82 [A][B]	83 [A][B]	84 [A][B]	85 [A][B]
________	________	________	________	________

书面表达（作文）

（30分钟）

作 文 要 求

1. 写作前认真阅读作文提示，按提示要求在规定的时间内写完。
2. 每个空格写一个字，书写要清楚工整；每个标点符号占一个空格，标点符号使用要规范。
3. 作文中不得出现跟考生有关的校名、地名和真人姓名。
4. 保持卷面整洁，不得涂划损坏答卷。

翻开此页到背面答题

注意作文格式及字数要求

中国　北京

沿此线剪下

白 色 检 测 区 ，请 勿 污 染 ！

100

200

300

400

MHK

（二级）答题卡

白 色 检 测 区 ， 请 勿 污 染 ！

填 涂 说 明

1. 答题前，考生先将自己的姓名等填写清楚。
2. 选择题必须使用 2B 铅笔填涂，作文必须使用黑色钢笔或签字笔书写，应字体工整、笔迹清楚。
3. 保持卷面整洁，不要折叠、弄破，不准使用涂改液、刮纸刀。
4. 填涂示例：正确填涂 ▬

   错误填涂 [✓][✗][—][•]

贴条形码区

姓　　名：____________

性　　别：男 ▭　女 ▭　试卷号码：________

考 场 号：________　座 位 号：________

准考证序号：____________

A ▬

选 择 题

1[A][B][C][D]	17[A][B][C][D]	33[A][B][C][D]	49[A][B][C][D]	65[A][B][C][D]
2[A][B][C][D]	18[A][B][C][D]	34[A][B][C][D]	50[A][B][C][D]	66[A][B][C][D]
3[A][B][C][D]	19[A][B][C][D]	35[A][B][C][D]	51[A][B][C][D]	67[A][B][C][D]
4[A][B][C][D]	20[A][B][C][D]	36[A][B][C][D]	52[A][B][C][D]	68[A][B][C][D]
5[A][B][C][D]	21[A][B][C][D]	37[A][B][C][D]	53[A][B][C][D]	69[A][B][C][D]
6[A][B][C][D]	22[A][B][C][D]	38[A][B][C][D]	54[A][B][C][D]	70[A][B][C][D]
7[A][B][C][D]	23[A][B][C][D]	39[A][B][C][D]	55[A][B][C][D]	71[A][B][C][D]
8[A][B][C][D]	24[A][B][C][D]	40[A][B][C][D]	56[A][B][C][D]	72[A][B][C][D]
9[A][B][C][D]	25[A][B][C][D]	41[A][B][C][D]	57[A][B][C][D]	73[A][B][C][D]
10[A][B][C][D]	26[A][B][C][D]	42[A][B][C][D]	58[A][B][C][D]	74[A][B][C][D]
11[A][B][C][D]	27[A][B][C][D]	43[A][B][C][D]	59[A][B][C][D]	75[A][B][C][D]
12[A][B][C][D]	28[A][B][C][D]	44[A][B][C][D]	60[A][B][C][D]	76[A][B][C][D]
13[A][B][C][D]	29[A][B][C][D]	45[A][B][C][D]	61[A][B][C][D]	77[A][B][C][D]
14[A][B][C][D]	30[A][B][C][D]	46[A][B][C][D]	62[A][B][C][D]	78[A][B][C][D]
15[A][B][C][D]	31[A][B][C][D]	47[A][B][C][D]	63[A][B][C][D]	79[A][B][C][D]
16[A][B][C][D]	32[A][B][C][D]	48[A][B][C][D]	64[A][B][C][D]	80[A][B][C][D]

注意：请用正楷在横线上书写，不要在 [A][B] 上做任何标记。

81[A][B]	82[A][B]	83[A][B]	84[A][B]	85[A][B]
________	________	________	________	________

书 面 表 达（作 文）

（30 分钟）

作 文 要 求

1. 写作前认真阅读作文提示，按提示要求在规定的时间内写完。
2. 每个空格写一个字，书写要清楚工整；每个标点符号占一个空格，标点符号使用要规范。
3. 作文中不得出现跟考生有关的校名、地名和真人姓名。
4. 保持卷面整洁，不得涂划损坏答卷。

翻开此页到背面答题

注意作文格式及字数要求 ⇨

中国　　北京

沿此线剪下

白 色 检 测 区 ， 请 勿 污 染 ！

◀ 100 字

◀ 200 字

◀ 300 字

◀ 400 字

MHK

（二级）答题卡

白 色 检 测 区 ， 请 勿 污 染 ！

姓　　名：________________

性　　别：男▭　女▭　试卷号码：________

考 场 号：________　座 位 号：________

准考证序号：________________

填 涂 说 明

1. 答题前，考生先将自己的姓名等填写清楚。
2. 选择题必须使用2B铅笔填涂，作文必须使用黑色钢笔或签字笔书写，应字体工整、笔迹清楚。
3. 保持卷面整洁，不要折叠、弄破，不准使用涂改液、刮纸刀。
4. 填涂示例：正确填涂 ▬
   错误填涂 [A̸][B̸][C̸][D̸]

贴条形码区

A ▬

选 择 题

1[A][B][C][D]	17[A][B][C][D]	33[A][B][C][D]	49[A][B][C][D]	65[A][B][C][D]
2[A][B][C][D]	18[A][B][C][D]	34[A][B][C][D]	50[A][B][C][D]	66[A][B][C][D]
3[A][B][C][D]	19[A][B][C][D]	35[A][B][C][D]	51[A][B][C][D]	67[A][B][C][D]
4[A][B][C][D]	20[A][B][C][D]	36[A][B][C][D]	52[A][B][C][D]	68[A][B][C][D]
5[A][B][C][D]	21[A][B][C][D]	37[A][B][C][D]	53[A][B][C][D]	69[A][B][C][D]
6[A][B][C][D]	22[A][B][C][D]	38[A][B][C][D]	54[A][B][C][D]	70[A][B][C][D]
7[A][B][C][D]	23[A][B][C][D]	39[A][B][C][D]	55[A][B][C][D]	71[A][B][C][D]
8[A][B][C][D]	24[A][B][C][D]	40[A][B][C][D]	56[A][B][C][D]	72[A][B][C][D]
9[A][B][C][D]	25[A][B][C][D]	41[A][B][C][D]	57[A][B][C][D]	73[A][B][C][D]
10[A][B][C][D]	26[A][B][C][D]	42[A][B][C][D]	58[A][B][C][D]	74[A][B][C][D]
11[A][B][C][D]	27[A][B][C][D]	43[A][B][C][D]	59[A][B][C][D]	75[A][B][C][D]
12[A][B][C][D]	28[A][B][C][D]	44[A][B][C][D]	60[A][B][C][D]	76[A][B][C][D]
13[A][B][C][D]	29[A][B][C][D]	45[A][B][C][D]	61[A][B][C][D]	77[A][B][C][D]
14[A][B][C][D]	30[A][B][C][D]	46[A][B][C][D]	62[A][B][C][D]	78[A][B][C][D]
15[A][B][C][D]	31[A][B][C][D]	47[A][B][C][D]	63[A][B][C][D]	79[A][B][C][D]
16[A][B][C][D]	32[A][B][C][D]	48[A][B][C][D]	64[A][B][C][D]	80[A][B][C][D]

注意：请用正楷在横线上书写，不要在 [A][B] 上做任何标记。

81[A][B]	82[A][B]	83[A][B]	84[A][B]	85[A][B]
______	______	______	______	______

书面表达（作文）

（30分钟）

作 文 要 求

1. 写作前认真阅读作文提示，按提示要求在规定的时间内写完。
2. 每个空格写一个字，书写要清楚工整；每个标点符号占一个空格，标点符号使用要规范。
3. 作文中不得出现跟考生有关的校名、地名和真人姓名。
4. 保持卷面整洁，不得涂划损坏答卷。

翻开此页到背面答题

注意作文格式及字数要求

中国　北京

沿此线剪下

白 色 检 测 区 ， 请 勿 污 染 ！

100

200

300

400

图书在版编目（CIP）数据

新 MHK（二级）实战演练 / 苗东霞主编 ；赵凤珠，阮宝娣，苗东霞编 .— 北京 ：北京语言大学出版社，2017.12（2019.11重印）

ISBN 978-7-5619-5147-7

Ⅰ. ①新… Ⅱ. ①苗… ②赵… ③阮… Ⅲ. ①汉语－少数民族教育－水平考试－习题集 Ⅳ. ① H19-44

中国版本图书馆 CIP 数据核字（2017）第 304602 号

新 MHK（二级）实战演练

XIN MHK (ER JI) SHIZHAN YANLIAN

排版制作：北京创艺涵文化发展有限公司
责任印制：陈 辉

出版发行：北京语言大学出版社
社 址：北京市海淀区学院路 15 号，100083
网 址：www.blcup.com
电子信箱：service@blcup.com
电 话：编辑部 8610-82303390
国内发行 8610-82303650/3591/3648
海外发行 8610-82303365/3080/3668
北语书店 8610-82303653
网购咨询 8610-82303908
印 刷：保定市中画美凯印刷有限公司

版 次：2017 年 12 月第 1 版 印 次：2019 年 11 月第 5 次印刷
开 本：787 毫米 × 1092 毫米 1/8 印 张：19.25
字 数：311 千字
定 价：48.00 元

PRINTED IN CHINA

MHK 我们专业 我们研究

更新鲜

根据新大纲编写，新题型，新语料。

更权威

专家精心命题，仿真度高，预测性强。

更科学

科学把控试题难度，合理设置题干和选项。

更全面

全面覆盖新MHK（二级）常见的考点和词汇，难点复现。

新MHK（一级）实战演练
新MHK（二级）实战演练
新MHK（三级）实战演练
新MHK（四级）实战演练

登录北语社官网，下载录音

登录www.blcup.com并注册
输入书名或书号等
找到本书
点击"资源下载"
查找需要的资源并下载

官方微信：北语社MHK

责任编辑：吴 清
封面制作：张 静
ISBN 978-7-5619-5147-7
定价：48.00元

新 MHK 实战演练 二级

◎10套模拟试卷
◎10套听力文本
◎10份参考答案
◎10张答题卡

主编 苗东霞
编者 赵凤珠
阮宝娣
苗东霞

北京语言大学出版社
BEIJING LANGUAGE AND CULTURE UNIVERSITY PRESS